中国电子信息工程科技发展研究

测量计量与仪器专题

中国信息与电子工程科技发展战略研究中心

科 学 出 版 社

北 京

内 容 简 介

　　精密测量与仪器技术是支撑科技创新、科技进步与工业高质量发展的重要基础。本书旨在分析和研判测量计量与仪器领域年度科技发展动态与发展趋势，为梳理和规划该领域的发展方向奠定基础。本书综合阐述了当前若干子领域的重要进展，如三维共焦显微测量技术与仪器、高性能原子钟技术、新冠病毒抗体测量技术、真空测试计量技术、毫米波太赫兹仪器与计量技术、智能制造高性能视觉检测成套技术及装备、工业 CT、大量程纳米位移测量技术等；也介绍了国内外相关技术的重要突破和技术成果；从全球发展态势着眼，聚焦领域热点亮点，力图展现从全球发展态势着眼，聚焦领域热点亮点，新进展、新特点、新趋势，为我国新一代国家测量体系建设和仪器产业发展战略规划提供参考。

　　本书可供具有信息与电子工程科技领域背景、从事测量计量和仪器领域工作的专家学者、工程科技管理人才、科研工作者，以及高校相关专业的学生阅读与参考。

图书在版编目（CIP）数据

中国电子信息工程科技发展研究. 测量计量与仪器专题/中国信息与电子工程科技发展战略研究中心编著. —北京：科学出版社，2022.9

ISBN 978-7-03-073081-7

Ⅰ. ①中… Ⅱ. ①中… Ⅲ. ①电子信息-信息工程-科技发展-研究-中国 ②测量仪器-科技发展-研究-中国 ③计量仪器-科技发展-研究-中国 Ⅳ. ①G203 ②TH761 ③TH71

中国版本图书馆 CIP 数据核字（2022）第 162109 号

责任编辑：赵艳春 / 责任校对：胡小洁
责任印制：吴兆东 / 封面设计：迷底书装

科 学 出 版 社 出版
北京东黄城根北街 16 号
邮政编码：100717
http://www.sciencep.com

北京虎彩文化传播有限公司 印刷
科学出版社发行　各地新华书店经销

*

2022 年 9 月第 一 版　开本：890×1240 1/32
2022 年 9 月第一次印刷　印张：5 3/4
字数：136 000

定价：88.00 元

（如有印装质量问题，我社负责调换）

《中国电子信息工程科技发展研究》指导组

《中国电子信息工程科技发展研究》工作组

组　长：
　　　　余少华　陆　军
副组长：
　　　　安　达　党梅梅　曾伟颖

国家高端智库

中国信息与电子工程科技发展战略研究中心
CHINA ELECTRONICS AND INFORMATION STRATEGIES

中国信息与电子工程科技
发展战略研究中心简介

中国工程院是中国工程科学技术界的最高荣誉性、咨询性学术机构，是首批国家高端智库试点建设单位，致力于研究国家经济社会发展和工程科技发展中的重大战略问题，建设在工程科技领域对国家战略决策具有重要影响力的科技智库。当今世界，以数字化、网络化、智能化为特征的信息化浪潮方兴未艾，信息技术日新月异，全面融入社会生产生活，深刻改变着全球经济格局、政治格局、安全格局，信息与电子工程科技已成为全球创新最活跃、应用最广泛、辐射带动作用最大的科技领域之一。为做好电子信息领域工程科技类发展战略研究工作，创新体制机制，整合优势资源，中国工程院、中央网信办、工业和信息化部、中国电子科技集团加强合作，于 2015 年 11 月联合成立了中国信息与电子工程科技发展战略研究中心。

中国信息与电子工程科技发展战略研究中心秉持高层次、开放式、前瞻性的发展导向，围绕电子信息工程科技发展中的全局性、综合性、战略性重要热点课题开展理论研究、应用研究与政策咨询工作，充分发挥中国工程院院士，国家部委、企事业单位和大学院所中各层面专家学者的智力优势，努力在信息与电子工程科技领域建设一流的战略思想库，为国家有关决策提供科学、前瞻和及时的建议。

《中国电子信息工程科技发展研究》
编写说明

当今世界，以数字化、网络化、智能化为特征的信息化浪潮方兴未艾，信息技术日新月异，全面融入社会经济生活，深刻改变着全球经济格局、政治格局、安全格局。电子信息工程科技作为全球创新最活跃、应用最广泛、辐射带动作用最大的科技领域之一，不仅是全球技术创新的竞争高地，也是世界各主要国家推动经济发展、谋求国家竞争优势的重要战略方向。电子信息工程科技是典型的"使能技术"，几乎是所有其他领域技术发展的重要支撑，电子信息工程科技与生物技术、新能源技术、新材料技术等交叉融合，有望引发新一轮科技革命和产业变革，给人类社会发展带来新的机遇。电子信息工程科技作为最直接、最现实的工具之一，直接将科学发现、技术创新与产业发展紧密结合，极大地加速了科学技术发展的进程，成为改变世界的重要力量。电子信息工程科技也是新中国成立 70 年来特别是改革开放 40 年来，中国经济社会快速发展的重要驱动力。在可预见的未来，电子信息工程科技的进步和创新仍将是推动人类社会发展的最重要的引擎之一。

把握世界科技发展大势，围绕科技创新发展全局和长远问题，及时为国家决策提供科学、前瞻性建议，履行好国家高端智库职能，是中国工程院的一项重要任务。为此，中国工程院信息与电子工程学部决定组织编撰《中国电子信息工程科技发展研究》(以下简称"蓝皮书")。2018 年 9 月至今，编撰工作由余少华、陆军院士负责。"蓝皮书"分综合篇和专题篇，分期出版。学部组织院士并动员各方面专家 300 余人参与编撰工作。"蓝皮书"编撰宗旨是：分析研究电子信息领域年度科技发展情况，综合阐述国内外年度电子信息领域重要突破及标志性成果，为我国科技人员准确把握电子信息领域发展趋势提供参考，为我国制定电子信息科技发展战略提供支撑。

"蓝皮书"编撰指导原则如下：

(1) 写好年度增量。电子信息工程科技涉及范围宽、发展速度快，综合篇立足"写好年度增量"，即写好新进展、新特点、新挑战和新趋势。

(2) 精选热点亮点。我国科技发展水平正处于"跟跑""并跑""领跑"的三"跑"并存阶段。专题篇力求反映我国该领域发展特点，不片面求全，把关注重点放在发展中的"热点"和"亮点"问题。

(3) 综合与专题结合。"蓝皮书"分"综合"和"专题"两部分。综合部分较宏观地介绍电子信息科技相关领域全球发展态势、我国发展现状和未来展望；专题部分则分别介绍 13 个子领域的热点亮点方向。

5 大类和 13 个子领域如图 1 所示。13 个子领域的颗粒度不尽相同，但各子领域的技术点相关性强，也能较好地与学部专业分组对应。

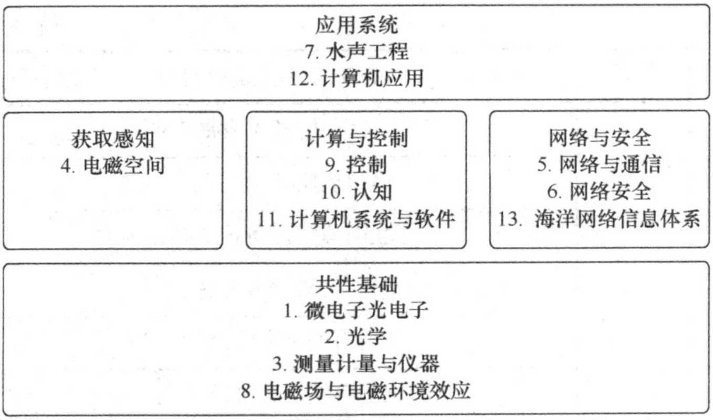

应用系统
7. 水声工程
12. 计算机应用

获取感知	计算与控制	网络与安全
4. 电磁空间	9. 控制 10. 认知 11. 计算机系统与软件	5. 网络与通信 6. 网络安全 13. 海洋网络信息体系

共性基础
1. 微电子光电子
2. 光学
3. 测量计量与仪器
8. 电磁场与电磁环境效应

图 1　子领域归类图

前期，"蓝皮书"已经出版了综合篇、系列专题和英文专题，见表 1。

表 1　"蓝皮书"整体情况汇总

序号	年份	中国电子信息工程科技发展研究——专题名称
1		5G 发展基本情况综述
2		下一代互联网 IPv6 专题
3		工业互联网专题
4		集成电路产业专题
5	2019	深度学习专题
6		未来网络专题
7		集成电路芯片制造工艺专题
8		信息光电子专题
9		可见光通信专题
10	大本子	中国电子信息工程科技发展研究（综合篇 2018—2019）

续表

序号	年份	中国电子信息工程科技发展研究——专题名称
11	2020	区块链技术发展专题
12		虚拟现实和增强现实专题
13		互联网关键设备核心技术专题
14		机器人专题
15		网络安全态势感知专题
16		自然语言处理专题
17	2021	卫星通信网络技术发展专题
18		图形处理器及产业应用专题
19	大本子	中国电子信息工程科技发展研究（综合篇 2020—2021）
20	2022	量子器件及其物理基础专题
21		微电子光电子专题*
22		测量计量与仪器专题*
23		网络与通信专题*
24		网络安全专题*
25		电磁场与电磁环境效应专题*
26		控制专题*
27		认知专题*
28		计算机应用专题*
29		海洋网络信息体系专题*
30		智能计算专题*

* 近期出版。

　　从 2019 年开始，先后发布《电子信息工程科技发展十四大趋势》和《电子信息工程科技十三大挑战》（2019 年、2020 年、2021 年、2022 年）4 次。科学出版社与 Springer 出版社合作出版了 5 个专题，见表 2。

表 2　英文专题汇总

序号	英文专题名称
1	Network and Communication
2	Development of Deep Learning Technologies
3	Industrial Internet
4	The Development of Natural Language Processing
5	The Development of Block Chain Technology

　　相关工作仍在尝试阶段，难免出现一些疏漏，敬请批评指正。

中国信息与电子工程科技发展战略研究中心

前　言

2018 年 7 月 13 日，中央财经委员会第二次会议明确指出要"培育一批尖端科学仪器制造企业"。精密测量与高端仪器技术已经成为支撑科技强国、制造强国和质量强国建设的核心基础技术。

精密测量兴起于工业大生产。规模化大生产是现代工业的重要特征，产业分工与专业化配套越来越细化，地域分布越来越广，产业链遍布全世界。也就是说，一个产品由成百上千甚至成千上万个零部件组成，这些零部件不可能由一个厂家生产，这样就要求不同厂家的测量仪器都是精确的，测量数据都是精准的，进而成千上万的零件或元器件具有互换性。显然，精密测量与精密仪器已成为支撑工业高质量发展的重要基础。同时，绝大多数现代科学发现和基础研究突破，都是借助于先进的精密测量方法和尖端测量仪器完成的。引力波探测就是一个典型例子。

当前，我国在测量计量与仪器的若干领域取得了一些重要进展，比如三维共焦显微测量技术与仪器、高性能原子钟技术、新冠病毒抗体测量技术、真空测试计量技术、毫米波太赫兹仪器与计量技术、智能制造高性能视觉检测成套技术及装备、复合纳米探针测量技术及仪器、调频激光雷达扫描测量技术与仪器、工业 CT、大量程纳米位移测量技术、光纤传感技术、大型高端精密回转装备装配测量仪器超精密校准技术、原子力显微镜和扫描电镜技术。

但是我们也要清醒地认识到,我国正在向世界科技强国、制造强国和质量强国迈进,随着我国科技和产业的快速发展,各领域对精准测量的需求与精准测量能力供给不充分、不平衡、不全面之间的矛盾日益突出,高端精密仪器的自主可控能力亟待提高。加强精密测量与高端仪器领域基础研究、强化核心关键技术突破能力提升和大力促进高端仪器产业化,已成为提高国家科技创新能力、促进产业高质量发展的必然要求。2021 年 12 月,国务院印发《计量发展规划(2021—2035 年)》,明确提出加快构建国家现代先进测量体系,推进计量标准建设。我国精密计量测量与仪器领域科研工作者将继续勇担重任,以与时俱进的精神、革故鼎新的勇气、坚韧不拔的定力,为中国创新擦亮"眼睛",为中国制造备好"尺子",为把我国建设成科技强国、制造强国和质量强国不懈奋斗。

"蓝皮书"中的测量计量与仪器专题,主要聚焦当前信息与电子工程领域和智能制造领域测量计量与仪器工程的全球发展态势、我国发展现状和 2021 年度热点亮点成果。

来自哈尔滨工业大学、中国计量科学研究院、兰州空间技术研究所、北京信息科技大学、天津大学、重庆理工大学、西安交通大学、中国航天科工集团二院 203 所(航天二院 203 所)、中国航天科技集团有限公司一院 102 所(航天 102 所)、中国电子科技集团公司第 41 研究所(中电科 41 所)、深圳智能机器人研究院、聚束科技(北京)有限公司、天津三英精密仪器股份有限公司、中国信息通信研究院等单位的专家参与了本次编撰工作，在此一并表示感谢。

　　因编写时间仓促，疏漏和错误之处在所难免，敬请批评指正。

谭文彬

2022 年 6 月 18 日

三维共焦显微测量仪器	2014年,受激辐射淬灭超分辨光学显微成像获诺贝尔化学奖	2018年,我国国家标准GB/T 34879-2017正式实施
高性能原子钟	为实现秒定义变更,光钟准确频率研究火热	星载原子钟由传统微波腔体制进入离子囚禁和激光冷却的时代
新冠病毒抗体测量与应用	我国研制了新冠病毒抗体现场即时检测系统	我国联合主导新冠病毒抗体测量国际比对
真空测试计量		电容薄膜真空计微型化已成趋势
毫米波太赫兹仪器与计量	毫米波太赫兹技术沿时域、频域、空域向太赫兹高频段发展	
智能制造高性能视觉检测	德国ZeissGOM的ATOS 5X自动蓝光扫描系统单次测量范围1000mm×700mm,三维形貌测量精度优于±0.03mm,测量时间0.2s	
复合纳米探针测量仪器	美国科磊、应用材料和日立开发了应用于芯片检测的OCD、X射线透视技术、SEM和AFM	
调频激光雷达扫描测量仪器	当前研究集中在扩展测量范围、提升测量精度、提高测量速度等	
工业CT	工业CT目前主要应用于原位多场耦合CT成像和锂电池在线CT检测设备	
大量程纳米位移测量	数百毫米以上绝对式位移测量,测量精度亚纳米级,测量分辨率皮米级成为趋势	
光纤传感	小型化、微型化、轻量化及片上集成化、智能化成为光纤传感系统的发展趋势	
大型高端精密回转装备装配测量仪器超精密校准	欧美仪器公司AMETEK、AXIAM等为美国GE、美国NASA、英国RR等研制了专用的大型高端精密回转装备装配测量仪器	
原子力显微镜	2021年,我国研究人员不仅证实了TERS技术具备单个化学键的检测灵敏度,而且实现了4 Å的纵向探测深度	
扫描电镜	20世纪60年代,SEM被英国剑桥科学仪器公司成功商用	2018年3月,美国赛默飞世尔实现了全加速电压段亚纳米分辨力,具体为0.7nm@1kV

图 1　测量计量与仪器技术发展全景图

专家组名单

姓名	工作单位	职务/职称
谭久彬	哈尔滨工业大学	院士
李天初	中国计量科学研究院	院士
李得天	兰州空间技术研究所	院士
刘俭	哈尔滨工业大学	教授
陆振刚	哈尔滨工业大学	教授
刘永猛	哈尔滨工业大学	研究员
方向	中国计量科学研究院	院长/研究员
戴新华	中国计量科学研究院	研究员
年夫顺	中电科 41 所	研究员
葛军	航天二院 203 所	所长
张升康	航天二院 203 所	研究员
刘杰	航天二院 203 所	研究员
缪寅宵	航天 102 所	所长/研究员
刘柯	航天 102 所	研究员
祝连庆	北京信息科技大学	教授
邾继贵	天津大学	教授
刘小康	重庆理工大学	教授
杨树明	西安交通大学	教授
苏全民	深圳智能机器人研究院	博士
何伟	聚束科技(北京)有限公司	总经理
须颖	天津三英精密仪器股份有限公司	董事长
张宗	天津三英精密仪器股份有限公司	研究员

注：排名不分先后

撰写组名单

姓名	工作单位	职务/职称
张睿	中国信息通信研究院	教授级高工
周峰	中国信息通信研究院	教授级高工
周奎翰	中国信息通信研究院	高级工程师
曲岩	中国信息通信研究院	高级工程师
尹丰	中国信息通信研究院	工程师
任媛	中国信息通信研究院	工程师
王健宇	中国信息通信研究院	工程师

注：排名不分先后

目　录

第1章 全球发展态势

精密测量与仪器从来没有像今天这样重要过,著名科学家开尔文有一个著名论断:"如果你无法测量它,你就无法改进它"。从发达国家高端装备制造发展历程可以清楚地看到,只有先进的制造装备是不行的,特别是发展到精密制造阶段,无法精密测量就无法精密制造,精密测量和精密制造已经深度耦合。从生产力发展的历史看,测量是认识世界的手段,制造是改造世界的手段,二者必然高度统一,深度融合。无论是精密制造、科学探索,还是人民健康,都离不开精密测量与仪器技术,就像一个正常人离不开眼睛一样;从另一个方面看,现代精密测量与仪器技术都大量应用了先进的光学和电子信息技术,就像一个正常的眼睛离不开视觉感知神经一样。

从空间域来看,现代精密测量与仪器技术向更小尺度的微观深入。高密度光子聚集的点扫描成像模式目前已经成为现代三维显微仪器的代表性基础架构之一。大深宽比纳米结构测量技术对于三维半导体芯片制造技术提升和工艺控制至关重要,其率先突破将直接影响半导体芯片制造技术的发展,2021年中国科协组织开展了"重大科学问题和工程技术难题征集发布活动",其中"如何解决三维半导体芯片中纳米结构测量难题"被遴选为10个工程技术难题之一。近年来工业CT作为一种无损三维内部结构检测技术，在某些领域如新能源、先进电子及增材制造等，已经逐渐成为高端制造的必备技术之一。纳米位移测量技术及传感器件是纳米科技发展的先导和基础，是超精密高端装备的核心技术和关键功能部件。基于原子力显微镜的纳米加工是微纳制造领域的核心技术之一，近期成了半导体先进节点的掩模修复工具，应用于半导体产业中。随着材料科学、生命科学和高端制造业的不断发展，近些年来扫描电镜技术得到了快速的发展。

在宏观几何量测量方面。视觉信息蕴含生物智能潜力，基于图像传感的视觉检测方法具有信息量大、非接触等突出优势，是匹配智能感知、智能测量和智能制造的最佳手段。调频激光雷达扫描测量成为解决当前高端制造业中非接触、大尺寸高精度、高点密度测量难题的有效手段。大型高端精密回转装备装配测量仪器是实现高端装备精准装配的专用利器。

从时间-频率域来看，高性能原子钟技术的发展主要体现在光频原子钟和星载原子钟技术的发展。时间频率计量前沿研究为秒定义变更做准备。星载原子钟的发展由传统微波腔体制进入离子囚禁和激光冷却的时代，频段逐渐由微波频段向光频段发展。毫米波太赫兹计量与仪器向太赫兹高频段方向快速发展。

此外，在特种需求和工业应用计量方面，高真空参数计量与仪器成为航空航天、核工业、半导体、高端装备制造等领域发展的重要保障。光纤传感技术已经成为全球研发和商业化工作的重点，正快速应用于航空航天、医疗健康、海洋工程、船舶、高铁、石油电力等关系国民经济和社会发展的重大领域，并向着高精度、高效率和数字化的方向快速发展。

在抗击新冠疫情一线，准确检测是应对新冠疫情的关键一环。因此提高新冠抗体检测结果的准确性和可比性，提升病例诊断和群体免疫监测水平，是全球抗疫取得新进展的重要技术保障。

1.1　三维共焦显微测量技术与仪器

共焦显微技术的诞生开创了现代立体显微工业，是近百年来光学显微仪器领域最重要成就之一。这种高密度光子聚集的点扫描成像模式已经成为现代显微仪器的代表性基础架构之一。在微制造领域，随着新一代微器件与微系统全面进入立体封装时代，超精密级三维微结构功能化表征成为全球信息产业竞争的质量基础和科学前沿，极端复杂微结构样品测量成为三维显微测量领域的研究热点和国际性挑战。哈尔滨工业大学在克服样品结构敏感性、材料敏感性以及三维定值等方面取得重要突破，使我国建立了三维光学显微测量定值体系，研究成果获得 2020～2021 年度国家技术发明奖二等奖。

(1) 时代背景

共焦显微技术的诞生与集成电路技术崛起密不可分。1947 年，美国贝尔实验室制造出第一个晶体管，克服了电子管体积大、功耗高、结构脆弱等问题，很快就出现了基于半导体的集成电路构想；1958～1959 年，Jack Kilby 和 Robert Noyce 分别发明了锗集成电路和硅集成电路。1957 年，美国哈佛大学 MINSKY 申请专利，首次提出以点照明和点探测为特征的显微技术，标志着共焦显微技术的诞生。共焦显微技术早用于集成电路微结构测量，但由于这种点照明和点探测的测量效率极低，因此并未受到广泛关注。直至 20 世纪 70 年代后期，人们在机理上对三维层析能力有了更深刻的认识，同时伴随光学扫描技术的出现，共焦显微技术才得以实现商业化开发，进而开启了光学仪器的现代立体显微工业。

(2) 早期发展

共焦显微技术的初衷是通过缩小光源和探测器尺寸，抑制闪烁光和杂散光，其本质是以牺牲视场为代价，改善观测效果。这种视场范围小的不足，被光学扫描技术发展所弥补。1982 年，牛津光电仪器公司研制了共焦显微镜，1983 年转让给美国德州仪器公司，共焦显微技术由此实现商业化开发。共焦显微技术诞生与发展的重大意义，不仅仅在于解决了轴向信息混叠难题，首次实现光学显微观测由二维观测到三维测量的跨越，更为重要的是这种高密度光子聚集的点成像模式，引入了多光子非线性效应，在生物成像领域成功推动了双/多光子显微技术的出现。这种高密度光子聚集的点扫描成像模式目前已经成为现代三维显微仪器的代表性基础架构之一。2014 年，基于点扫描照明的受激辐射淬灭超分辨光学显微成像技术获得诺贝尔化学奖[3]。

(3) 发展态势

光学显微仪器有一个重要特点，即样品多样性决定仪器原理的多样性。以高性能红外探测器制造为具体范例，历经三代发展，像元规模增加 1000 倍，像元尺寸减小 10 倍，敏感元结构由单层发展为多层，最新一代探测器三维结构精度决定探测性能。可见，微器件与微系统制造精度的持续提升以及样品功能结构复杂化是未来共焦显微技术与仪器进步要持续面对的挑战。在三维显微测量中，样品高度信息的引入使得很多经典测量理论与仪器方法不再适用；与此同时，随着超精密微制造技术不断突破加工极限，未来三维共焦显微测量技术与仪器发展，将面临样品几何结构极端复杂化、功能结构立体集成材料敏感性以及高深宽结构三维定值校准与溯源等众多技术挑战，具体可概括为图 1.1 所示的 2 类 4 种瓶颈效应。

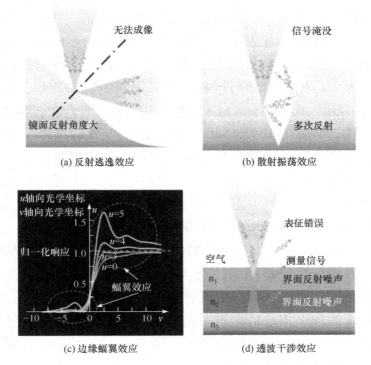

图 1.1　复杂微结构三维几何形状测量的瓶颈效应示意

注：图(a)~(c)所示的反射逃逸效应、散射振荡效应和边缘蝠翼效应可归结为样品结构敏感性，
图(d)所示的透波干涉效应可归结为样品材料敏感性

1.2　高性能原子钟技术

　　高性能原子钟技术的发展主要体现在光频原子钟和星载原子钟技术的发展。值得关注的发展态势有以下几项。

　　时间频率计量前沿研究为秒定义变更做准备。为了保证秒定义变更过程中量值的连续性，进行光钟与现有秒定义基准钟之间的比率测量，得到光钟准确频率的研究成为热点。英国国家物理实验室(NPL)为锶原子光晶格钟建立了短期稳定度为 5E-16 的超稳钟跃迁探测激光，并通过精密测量环境温度的方法评定了黑体辐射频移的不确定度，把锶原子光晶格钟系统频移不确定度评估到了 1E-17 的水平。为了得到锶光钟与现有秒定义之间的频率比值，NPL 采用了经由国际原子时(TAI)溯源到秒定义的方法，溯源不确定度达到了 1E-15。日本国家信息与通信技术研究院(NICT)的锶原子光钟进行了新一轮的不确定度评定，系统频移不确定度达到了 5.9E-17；通过充分利用其原有的参与国际原子时合作的卫星链路等硬件设施和测量数据，实现了锶光钟的绝对频率溯源到现行秒定义，测量时间超过一年，溯源不确定度达到了 1.8E-16，是目前国际上绝对频率测量中的最佳测量结果。意大利国家计量院(INRIM)的镱原子光钟也取得了很好的光钟绝对频率测量结果，通过参与 TAI 的频率传递链路进行的绝对频率测量得到镱原子光晶格钟的绝对频率不确定度为 2.6E-16，镱原子光晶格钟本身的不确定度达到了 2.8E-17。这些机构在进行光钟频率与现有秒定义基准比对的过程中，均采用了通过卫星链路连接本地光钟和国际原子时 TAI 实现绝对频率溯源的方法。另外，光钟与光钟之间的比率测量，也是验证光钟准确度和进行绝对频率测量的重要研究方向。德国联邦物理技术研究院(PTB)进行了镱离子光钟和锶原子光钟之间的比率测量，从 2012 年到 2019 年，进行了共计 107 次测量，发现了两种不同类型的光钟在长期的比对过程中，存在与评估不确定度不一致的频率差，导致这些频率差异的原因目前还不清楚，说明光钟不确定度评估中可能存在一些问题还没有被研究透彻。美国标准与技术研究院(NIST)及其与科罗拉多大学的联合实验室(JILA)也开展了铝离子光钟、镱原子光钟和锶原子光钟之间的比率测量，首次把不同种光钟之间的比率测量推进到了 E-18 量级[4]。在他们的这次光钟比对实验中，三种光钟的不确定度均达到了 E-18 量级，其中铝离子光钟的不确定度为 1.7E-18，镱原子光晶格钟的不确定度为 1.4E-18，锶原子光晶格钟的不确定度为 5.0E-18。他们首次采用了自由空间双光梳时间频率传递技术，实现了 E-19 量级的自由空间时间频率传输[5]，同时还通过飞秒光梳实现了超稳光学频率下转换到微波频率，与现有的时间频率系统实现无缝连接。欧洲和日本开展了可搬运光钟的研究，应用于相对论性大地测量和引力红移的验证。其中德国 PTB 首先建立了基于锶原子的可搬运光钟，利用可搬运光钟和光纤远程比对网络，实现了光钟在大地测量和时间频率计量中的应用演示。同时，欧洲还通过广泛的合作，为未来外场应用研制了高可靠性的可搬运离子光钟，着重于提升其可靠性和易操作性。日本东京大学(UT)和理化研究所(RIKEN)研制了目前国际上最高水平的可搬运光钟，系统频移不确定度达到了约 4E-18，通过在日本东京电视塔上的频率比对实验，对爱因斯坦的相对论红移进行了实验验证。

星载原子钟的发展由传统微波腔体制进入离子囚禁和激光冷却的时代，频段逐渐由微波频段向光频段发展。

当前全球卫星导航系统主要使用传统星载铷钟和星载氢钟。如 GPSBlock Ⅲ 配置 3 台增强型星载铷钟；GLONASS 第三代卫星配置 2 台星载铯钟和 2 台星载氢钟；Galileo 卫星，除 GIOVE-A 外，均配置了 2 台星载铷钟和 2 台星载氢钟；我国北斗二号导航卫星配置均为铷钟，北斗三号导航卫星采用星载铷钟和星载氢钟相结合的方式；地球同步轨道(GEO)和倾斜地球同步轨道(IGSO)卫星配置 2 台星载铷钟和 2 台星载氢钟，中地球轨道(MEO)卫星配置 4 台星载铷钟。区域卫星导航系统，如日本准天顶卫星系统(QZSS)和印度区域导航卫星系统(IRNSS)，也在其卫星上配置星载铷钟[6]。截至目前，累计有一千余台原子钟在轨运行，其中约 50%为星载铷钟，同时星载氢钟的比例在持续增加。卫星导航系统的不断发展，推进了星载原子钟技术水平不断进步，性能指标快速提升。

传统微波腔体制的星载铷钟、星载氢钟技术日臻成熟，性能指标已基本达到了物理极限。当前，星载铷钟频率稳定度可达 1E-14(τ=1d)，日频率漂移率 1E-13，重量 4.5kg，稳态功耗 30W。各研究机构正在研制开发高性能铷钟，日频率稳定度可进入 E-15 量级[7]，如美国帕金—埃尔默(Perkin-Elmer)公司实验室测试日频率稳定度可达 5E-15。星载氢钟当前指标如下：频率稳定度 1E-12(τ=1s)，7E-15 (τ=1d)，日频率漂移率 5E-15，重量 20kg，稳态功耗 60W[8]。俄罗斯 VCH 公司正在研制新型小型星载氢钟，实验室测试日频率稳定度可达 3E-15。

应用于卫星导航的传统星载原子钟主要目标是提高性能指标；而随着传统星载原子钟功耗和成本的降低，未来可广泛应用于商业用途中。如美国太空探索技术公司正在开展的"星链"计划，计划在 2019 年至 2024 年间在太空搭建由约 4.2 万颗卫星组成的"星链"网络提供互联网服务，2021 年已完成 5 次发射，搭载 276 颗"星链"互联网通信卫星进入近地轨道，每颗卫星装载 5 套激光装置，通过激光测距进行定位。我国也在开展"虹云工程"。低成本和低功耗星载原子钟未来可广泛应用于"星链"和"虹云工程"等类似商业应用，提供标准时间频率信号，降低定位难度，商业应用前景广阔。

随着新一代卫星导航及其他空间应用的发展，对下一代高精度、长寿命的星载原子钟的要求不断提高，要求原子钟的日频率稳定度达到 1 E-15～3E-15，日频率漂移率达到甚至优于 8E-16，同时要求减小体积和功耗。世界各国在开展新一代星载铷钟、氢钟研制的同时，也在开展具有更高指标的星载汞离子微波钟和积分球冷原子钟等新型原子钟。

星载汞离子微波钟方面，美国喷气推进实验室研制进度领先，并于 2019 年随实验星完成首次发射，其指标如下：频率稳定度达到 2E-13(τ=1s)，8E-14(τ=100s)，6E-15(τ=10000s)，3E-15(τ=1d)，日频率漂移率 3E-16，体积 17L，重量 16kg，功耗 45W，实物照片如图 1.2 所示[9]。据最新报道，在轨测试 23 日频率稳定度可达 3E-15[10]，达到预期结果。

USO　　　　　　　　　GPSR　　　　　　　DSAC

图 1.2　美国星载汞离子微波钟照片

　　积分球冷原子钟方面，中国科学院上海光学精密机械研究机所一直致力于该原子钟研制，最新的会议报告显示[11]，其工程样机短期频率稳定度达到了 3E-13$\tau^{-1/2}$，长期频率稳定度达到 8.6E-16(τ=20000s)，重量 25kg，功耗 70W，体积 50L。预计 2022 年将首次搭载中国科学院上海微小卫星研究院研制的卫星发射升空，将成为国际上第一台星载冷原子钟。其实物照片如图 1.3 所示。

　　另外空间站光钟、星载冷原子喷泉钟，作为试验探索也在研究中，部分正在开展移动平台可搬运实验等。

　　总之，随着传统星载钟技术的成熟、指标瓶颈的出现以及离子囚禁、激光冷却等技术的发展，新型星载微波频标和光钟正在涌现，未来可满足下一代导航定位、空间站和深空探测对高性能星载原子钟的需求。

图 1.3　积分球冷原子铷钟照片

1.3　新冠病毒抗体测量与应用

准确检测是应对新冠疫情的关键一环。目前，新型冠状病毒持续在全球肆虐，随着其不断进化和变异，相继出现阿尔法、贝塔、伽马和德尔塔等多种变异株，特别是集合了多种变异株突变的奥密克戎变异株的出现，使疫情防控更加艰难[12]，给全球经济和公众健康造成不可估量的损害。

新冠病毒核酸检测具有高灵敏、高准确的优点，是新冠肺炎确诊的"金标准"，但需专业人员操作和专用仪器设备，不适用于即时检测。基于免疫分析检测原理的新冠病毒抗体检测具有操作简单、快速便捷的特点而能够实现样本的实时在线快速检测，从而可即时判断受试者是否已感染病毒或曾被病毒感染，所以新冠病毒抗体检测作为核酸检测的有益补充手段在疫情初期的防控工作中发挥了重要作用，大大提高了可疑人群的筛查效率。随着新冠病毒疫苗在全球大范围的接种，新冠病毒抗体检测还将在群体免疫监测和回顾性诊断等方面发挥更为重要的作用。此外，全球多个科研机构和医药公司正在开展新冠病毒抗体药物的研发工作，新冠病毒抗体检测技术与试剂可以为新冠病毒抗体药物的研发提供技术支撑。然而，新冠抗体的检测缺乏量值准确、国际等效的标准物质和参考测量方法，导致新冠病毒抗体检测结果难以达到一致性和可比性要求。2020 年，联合国工业发展组织对此次全球疫情应对情况做出明确判断，"认为在新冠疫情的背景下，计量是必不可少的，精准的生化测量在这场危机中发挥了至关重要的作用。在计量这一特定领域，有证标准物质和参考测量方法提供了规定参考，检测实验室可据此确证其测量结果。这有助于降低测量结果出现假阳性或假阴性的概率。此外，测量结果在国际认可规定参考中的可溯源性以及它们的不确定性为该结果的可比性和国际认可提供了依据。"因此，开展新冠病毒抗体测量与国际比对研究，提高新冠抗体检测结果的准确性和可比性，提升病例诊断和群体免疫监测水平，是全球抗疫取得新进展的重要技术保障。

1.4　真空测试计量技术

1. 磁悬浮转子真空计

　　高真空环境是航空航天、核工业、半导体、高端装备制造等领域发展的重要保障，高真空测量能力直接关系到以上各领域技术的快速发展。在高真空范围内，国际公认的高稳定性传递标准是磁悬浮转子真空计(SRG)[13,14]。SRG自 20 世纪 80 年代实现商用以来[15,16]，德国 LEYBOLD 公司、德国 VISCOVAC 公司等都曾尝试批量生产，但是，由于技术垄断和专利保护，美国 MKS 公司生产的 SRG-2 磁悬浮转子真空计最终成为唯一的商用化产品，该产品的测量范围为 1×10^{-5}Pa～10^{2}Pa，准确度分别为示值的 1%(1×10^{-5}Pa～1Pa)和 10%(1Pa～10^{2}Pa)。至今，该产品技术仍然由美国垄断，并对我国高端制造领域实施禁运，尤其在国防军工领域，该产品已被美国严格管制。

鉴于该产品在关键领域的不可替代性，也为打破 SRG技术被封锁的不利局面，多个国家及地区先后都开展相关研究及产品研制。2015 年，葡萄牙里斯本大学开展了 SRG原理样机研制，采用圆柱形转子及光电传感器降低涡流损耗，以期延伸测量下限[17]。2020 年，在欧洲计量创新研究计划项目(EMPIR)及欧盟地平线 2020 项目的资助下，德国PTB 联合捷克 CMI、斯洛文尼亚 IMT、法国 LNE 等 9 家科研院所及公司开展了高真空范围传递标准的研制[18]。2020 年，德国 PH Instruments 公司突破了转子高质量悬浮、转速衰减率高精度检测等关键技术后，成功推出 VIM-1 磁悬浮转子真空计产品[19]，测量范围为 1×10^{-4}Pa～10^{3}Pa；准确度分别为示值的 10%(1×10^{-4}Pa～1×10^{-3}Pa)和 3%(1×10^{-3}Pa～10^{2}Pa)；2020 年，斯坦福大学提出光压悬浮和旋转静电场加速方式驱动 4.7μm 直径微硅球，获得衰减率，反演真空压力[20]。未来，随着微纳加工技术日趋成熟，磁悬浮转子真空计技术可进一步向轻量化、集成化、低功耗方向发展，计量级真空计测量下限将进一步向超高真空范围拓展。

2. MEMS 绝压式电容薄膜真空计

电容薄膜真空计具有准确度高、稳定性好、能够测量气体的全压力且测量结果与气体成分无关等优点，因此广泛应用于低真空精确测量。目前，国际上电容薄膜真空计生产厂家主要为美国 MKS 公司和美国 INFICON 公司，前者采用 Inconel 合金膜片，可作为真空计量的副标准使用；后者则采用陶瓷膜片，测量精度略低，承压能力较弱，使用寿命较短。由于电容薄膜真空计在国防军工领域用途广泛，此类进口产品长期受到欧美国家的严格审查管制。

另一方面，从技术发展角度分析，在深空探测、临近空间探测、导弹飞行控制、风洞试验、真空封装等各个领域，电容薄膜真空计质量和体积较大、功耗高，难以满足以上领域的特殊应用需求。许多国家对微型真空传感技术提出了新的需求[21]，电容薄膜真空计开始向微型化、集成化、低功耗、低保障需求等方向发展。日本佳能生产的 MEMS 电容薄膜真空计已经形成型谱化产品，覆盖 $10^{-1}Pa \sim 10^5Pa$；芬兰的 MEMS 电容薄膜真空计采用岛膜设计，大幅提高了仪器的测量线性；美国研制的 MEMS 电容薄膜真空计已应用于空间探测，如凤凰号、好奇号、毅力号等火星探测器。

由此可见，电容薄膜真空计向微型化发展已成为技术更新换代的必然途径。基于 MEMS 工艺，采用体硅刻蚀技术，研制小型化电容薄膜真空计，将有效规避传统合金膜片和陶瓷膜片的制备、焊接和封装等难题，未来将打破传统技术壁垒。

1.5　毫米波太赫兹仪器与计量技术

毫米波太赫兹技术沿时域、频域、空域三个维度，向太赫兹高频段方向快速发展。随着 2020 年美国联邦通信委员会(Federal Communications Commission，FCC)决定开放 95GHz～3THz 频段作为试验频谱，正式启动 6G 技术研发，全球以太赫兹通信为牵引，又一次将太赫兹技术推向了新的高潮。

毫米波太赫兹网络分析仪在其中扮演着重要角色。网络分析仪诞生于 20 世纪 60 年代，是用于测量采用同轴连接器和矩形波导法兰的微波部件性能特性的一种仪器，此处"网络"源于英文"Network"，专指被测的半导体芯片、器件、部件、组件、天线、材料、隐身目标、电磁波传输链路等，早于互联网的"网络"。网络分析仪采用主动测量方式，为被测网络提供激励信号，测量被测网络反射和传输信号，通过对反射信号和传输信号与激励信号的对比分析，获得被测网络的反射与传输特性。矢量网络分析仪有别于标量网络分析仪，不仅可以获得被测网络的幅度随频率变化曲线，而且还可以获得被测网络相位随频率变化曲线，是移动通信、相控阵雷达、卫星通信、卫星导航、电子侦察与电子干扰、精确制导等电子装备必备的测量仪器[22]。根据使用频段不同，可以分为微波、毫米波和太赫兹矢量网络分析仪，根据使用的测量接口不同，又可以分成同轴连接器和矩形金属波导矢量网络分析仪两种形式。目前全球高端微波毫米波与太赫兹矢量网络分析仪主要集中于美国、德国和中国，主要供应商有美国是德科技公司、日本安立公司(微波毫米波仪器设计制造全部在美国)、德国罗德与施瓦茨公司和中电科思仪科技股份有限公司(在中电科 41 所基础上成立的混合所有制企业，以下简称"电科思仪")等高端仪器企业。目前微波毫米波与太赫兹矢量网络分析技术主要有以下发展态势。

(1) 宽频带同轴微波矢量网络分析技术测量频率不断刷新，超宽带微波集成电路发挥了重要作用。目前采用同轴连接器的宽频带矢量网络分析技术测试频率上限不断刷新，形成了同轴矢量网络分析仪产品体系，采用不同同轴连接器的宽带微波矢量网络分析仪工作频率上限如表 1.1 所示。同轴微波矢量网络分析仪成熟产品测量频率已覆盖了 900Hz～110GHz，采用 0.8mm 和 0.6mm 同轴连接器的矢量网络分析技术测量频率分别达到了 150GHz 和 220GHz，尚未推向市场[23-29]。采用宽频带微波单片集成电路(MMIC)混合集成工艺，不仅提高了集成度，而且大幅提升了性能特性，据报道一款高端矢量网络分析仪采用了 300 多片微波单片集成电路，助推宽频带同轴微波矢量网络分析仪不断提高测量频率到毫米波，一次测量就可以获得被测网络从低频到 110GHz 的网络参数。

表 1.1 不同形式同轴连接器的矢量网络分析仪工作频率上限及技术状态

连接器形式	N 型	3.5mm	2.92mm	2.4mm	1.85mm	1.0mm	0.8mm	0.6mm
测试频率上限	18GHz	26.5GHz	40GHz	50GHz	67GHz	110GHz	150GHz	220GHz
技术状态	产品	产品	产品	产品	产品	产品	技术	技术

(2) 矩形金属波导毫米波与太赫兹矢量网络分析技术测量频率不断提升，复杂导波结构加工制作和太赫兹芯片发挥了重要作用。目前采用矩形金属波导的毫米波与太赫兹矢量网络分析技术测量频率不断提高，形成了矩形金属波导毫米波与太赫兹矢量网络分析仪系列化产品体系[29,30]，测量频率覆盖了 50GHz～1.5THz。采用精密机械加工制作工艺，重点解决了狭长矩形波导空间复杂导波结构成型和超长超薄微带薄膜电路制作问题，以 1.1THz～1.5THz 金属波导为例，在横截面尺寸只有 0.164mm×0.082mm 的狭长矩形金属波导当中实现了太赫兹电磁波传输、放大、衰减、倍频、混频、定向耦合、吸收等能力，获得了毫米波与太赫兹频段被测网络参数。

(3) 微波毫米波矢量网络分析技术平台化发展，呈现出多端口、多功能、多品种等全面发展的态势。目前微波毫米波矢量网络分析仪已形成通用化、平台化和系列化发展态势，一款高端矢量网络分析仪多达 46 个测量功能[30-37]，除了传统的线性连续波 S 参数测量功能外，还具有脉冲调制 S 参数、多端口 S 参数、非线性 X 参数、双频非线性 W 参数、频谱分析、噪声系数测量、调制失真测试、相位噪声测试等测量功能，一台高端矢量网络分析仪几乎覆盖了传统的微波测量仪器所有功能，矢量网络分析仪从网络参数测量拓展到电磁信号测量，支撑了现代电子装备和 5G 移动通信创新发展。

计量技术是仪表发展的重要支撑，近两年，全球在太赫兹计量领域的主要研究如下：

太赫兹时域计量方面，全球主要计量机构都已建立太赫兹脉冲波形标准装置，脉冲上升时间小于 10ps，目前在探索更窄更快的太赫兹脉冲产生与测量技术。2018 年德国 PTB 负责组织了首次太赫兹脉冲波形校准能力国际比对，2020 年发表了比对结果，受邀参加的机构有美国 NIST、中国计量科学研究院、中国航天科工集团二院 203 所(以下简称航天 203 所)等，对标称带宽 0.1THz 的光电探测器的时域和频域响应进行校准，比对结果表明不同标准装置的校准结果一致，为太赫兹脉冲波形参数国际量值的统一奠定了基础[38]。

太赫兹频域计量方面，全球主要计量技术研究机构现都在纷纷开展 0.33THz 以内不同参数的计量技术研究，同时在积极探索新原理新方法发展太赫兹高频段计量技术。2020 年，美国 NIST 设计研发了一套全新的太赫兹片上计量系统，该系统的参考激励源是基于片上光电混频产生，信号频率可达 1THz，比传统基于倍频链产生的太赫兹信号具有更高的频率和更低的相位噪声，可以作为片上标准源，结合太赫兹片上 S 参数计量技术，可以将片上标准源的测量参考面移动至校准参考面，用于片上被测对象特性参数的校准[39]。2021 年, 瑞典皇家理工学院(KTH Royal Institute of Technology)在国际上首次采用硅微机械技术设计研制了可以用于太赫兹矢量网络分析仪校准的波导校准件和检验件, 与传统采用机械加工技术的金属波导校准件相比, 具有几何尺寸精度更高、一致性更好、波导连接更方便等优点, 在太赫兹高频段优势将更为突出, 已研制的校准件频率范围为 0.325THz~0.5THz[40]。2021 年, 瑞士联邦计量研究院(Swiss Federal Institute of Metrology, METAS)提出了一种基于标准负载法的太赫兹网络分析仪全新校准方法, 直接从终端校准标准入手, 研制了新型 "直通标准" 和 "负载标准", 实现了太赫兹网络分析仪全二端口校准, 频率范围为 0.5THz~0.75THz, 提高了太赫兹网络分析仪 S 参数和太赫兹材料电磁特性的校准精度。该方法摒弃了传统校准方法的时域测量误差不确定、太赫兹校准标准不完备等缺陷, 具有校准标准简单、校准步骤简洁、校准精度高、误差溯源明确、校准质量稳定可靠等优点, 解决了太赫兹 S 参数和太赫兹材料电磁特性的校准难题, 可拓展到其他频段网络分析仪 S 参数校准[41]。2020 年, 德国 PTB 验证了太赫兹导波功率和太赫兹空间功率测量结果的一致性, 使两种溯源方法不同的功率测量结果得到了统一[42-44]。2021 年, 日本 NICT 基于半导体超晶格谐波混频器研制了可室温工作的高精度太赫兹频率计, 频率范围 0.12THz~2.8THz, 测量不确定度 1E-16, 该仪器具有工作频率范围宽、测量不确定度低、易于使用等特点, 可作为太赫兹频率计量标准[45]。

太赫兹空域计量方面, 主要向太赫兹辐射信号特性和太赫兹空间器件计量方向发展。2021 年，日本国家计量研究院(National Metrology Institute of Japan，NMIJ)设计研发了一套太赫兹空间衰减器校准系统，该系统是基于光声替代法，利用光声探测器将太赫兹信号衰减转换为音频信号衰减，实现了 5dB～20dB(@0.11THz)太赫兹金属薄膜空间衰减器衰减量的校准，测量不确定度为 0.40dB～0.46dB(k=2)，为太赫兹空间衰减参数的溯源校准开辟了一个新的技术途径[46]。2021 年，英国萨里大学(University of Surrey)和英国 NPL 开展了集成硅透镜 PIN 光电探测器辐射信号波束轮廓测量技术研究，频率范围 0.1THz～1THz，研究表明辐射波束轮廓与高斯波束轮廓相差很大，E 面和 H 面不同，且随辐射频率变化很大，为建立相应计量标准奠定了技术基础[47]。

1.6　智能制造高性能视觉检测成套技术及装备

随着美国"国家制造业创新网络"、德国"工业 4.0"等国家先进制造战略的相继实施，以高性能工业机器人为载体，由信息数据驱动的智能制造已成为世界各国制造业高质量发展的共同选择。通过将信息技术与制造技术深度融合，从而实现制造资源的科学调度和工艺优化，该方式是公认的智能制造的核心内涵，必须依赖精确完整的信息获取来实现。高效的传感测量技术及装备作为获取制造系统信息的主要手段，是实现制造技术升级发展的基础保障[48-50]。

视觉信息蕴含生物智能潜力，基于图像传感的视觉检测方法具有信息量大、非接触等突出优势，是匹配智能制造的最佳手段。在当今汽车、电子、医药等工业机器人广泛应用的制造领域，视觉检测技术及装备发展迅猛，已成为机器人感知环境、空间、形状、外观等制造工艺参数的最重要手段[51-53]。特别是机器视觉技术在汽车制造业中的应用，极大地提高了工艺质量和操作效率，降低了劳动强度。在以奔驰、宝马、大众为代表的国际主流生产线上，包括车辆及零部件自动检测、零件三维定位、车身组装/加工、零件追溯等在内的机器视觉技术应用已经贯穿整个汽车车身制造过程，可覆盖从初始原料质量检测、汽车零部件 100%在线测量，制造过程焊接、涂胶、冲孔等工艺质量控制、车身总成、出厂的整车质量检测等全流程多种应用需求[54]。

机器视觉领域国外起步较早，在技术研究、设备研制及现场应用等方面仍占据领先优势明显。高端视觉检测装备研发、销售基本上处于德国 Zeiss、ISRA，瑞士 Hexagon、美国 Perceptron 等国外厂商垄断状态。如德国 Zeiss GOM 的 ATOS 5X 自动蓝光扫描系统可直接生成车辆的三维数据模型，代表了高分辨率三维形貌测量的最先进水平，单次测量范围达到 $1000\text{mm} \times 700\text{mm}$，三维形貌测量精度优于 $\pm 0.03\text{mm}$，测量时间仅 0.2s，5m 范围内整体精度优于 $\pm 0.1\text{mm}$，已经成功应用于新一代宝马 5 系的整车外形检测；在与机器人紧密结合的视觉引导技术方面，德国 ISRA 生产的 Mono3D 系列机器人视觉引导系统定位精度达到 $\pm 1\text{mm}$，角度精度 $\pm 0.1°$，可实现 $\pm 50\text{mm}$，$\pm 5°$范围内的机器人引导纠偏，在机器人自动化安装、定位、码垛等领域应用广泛。

但伴随智能制造技术不断深化推广，测量应用所面对现场照明条件、电磁环境、空间结构的多样性和复杂性日益增加，现有高性能视觉检测技术普遍出现可靠性低、实时性差、适应性弱等技术瓶颈，难以全面满足越来越迫切的智能制造应用需求，正面临从原理到应用的系统性挑战，主要表现在：

(1) 图像质量易因环境干扰而严重退化，常规的图像处理技术无法实现稳定可靠的高精度特征提取；现有的处理技术在大规模数据压力下也无法满足工艺实时性要求；同时传统仅依靠单一约束条件的测量模型，容易在现场多变的环境下失效。

(2) 镜面反射、高光比、曲率变化大等特殊光学特性、复杂表面结构物体的在线原位精密检测一直缺乏有效可靠的技术手段。

(3) 现场光照、电磁、结构等环境因素复杂多样、扰动多源，系统内各测量参量间相互耦合，视觉检测精度难以有效保持，且系统测量精度、测量范围、测量效率之间相互制约、矛盾严重。

(4) 复杂场景下视觉测量所需的"通视"条件无法保证，视觉性能无法充分发挥，应用效能受到极大约束，与制造工艺融合过程的广度和深度严重不足。

此外，虽然当前欧、美、日等国家工业视觉检测装备品牌众多，各具特色优势，但出于商业保护考虑，不同品牌传感器操作界面各异，数据质量不统一，导致现场应用无法实现高效互联互通，呈现零散、局部、辅助的特点，未成体系，尚无法对处于高速演化迭代过程中的智能制造工艺技术形成系统性支撑。发展成套高性能的工业视觉检测技术及装备，与制造工艺深度集成融合，实现高度集成化智能化的自主信息感知能力，为制造过程信息获取和产品质量检测提供先进测量技术支撑已成为测量领域和制造领域的共识和关注焦点。

1.7　复合纳米探针测量技术及仪器

摩尔定律推动半导体芯片线宽不断缩小，随着半导体技术逐渐接近物理极限，晶体管尺寸的微缩越来越难。由于量子隧穿效应，半导体芯片由先进制程带来的性能、功耗回报正在显著降低。摩尔定律遇到发展瓶颈，但是市场对芯片性能的要求却越来越高。为了寻求更好的方式提升芯片性能，世界各大芯片制造厂商提出三维堆叠的概念，芯片结构也开始从二维走向三维。晶体管的结构正在从传统的平面型发展为具有三维结构的鳍式场效应管(FinFET)[55,56]，并且已经成为 14nm 以下乃至 5nm 工艺节点的主要结构，3nm 以下制程是 FinFET 技术的演进—环绕式栅极场效应管(GAAFET)[57]。三维存储芯片(3D NAND)也向具有大深宽比三维垂直结构发展[58]，通过在垂直方向增加存储叠层而非缩小器件二维尺寸实现存储密度增长，逐渐成为主流工艺路线。目前国产芯片可做到 64 层，而一线大厂如三星、海力士、镁光等已可做到 128 层以上。三维结构的形成要求在氧化硅和氮化硅叠层结构上刻蚀 40：1 到 60：1 的极深孔或沟槽，这些三维芯片结构的高度复杂性给制造工艺带来了全新的挑战。新应用需求驱动了制程微缩和三维结构升级，使得工艺步骤大幅提升，成熟制程(以 45nm 为例)工艺步骤数大约需要 430 道,到了先进制程(以 5nm 为例)将会提升至 1250 道,工艺步骤将近提升了 3 倍,对每道工序进行严格测量是确保良率和产率的关键。

在半导体芯片前道量检测领域,国际上最先进的技术和设备主要被美国科磊、应用材料和日立三家公司垄断,市场占有率合计超 90%,其开发的可用于芯片三维结构关键尺寸(CD)检测的仪器主要包括光学关键尺寸测量仪(OCD)[59]、X 射线透视技术、扫描电子显微镜(SEM)[60]和原子力显微镜(AFM)[61]。OCD 基于光学散射—模型匹配原理,通过分析周期性纳米结构的散射光场,主要用于缺陷检测和二维关键尺寸检测;利用 X 射线透视技术,通过对芯片不同深度处进行断层分析可定性获得三维形状信息。SEM 通过精细聚焦的电子束高速扫描样品,是芯片在线检测最通用的技术,但其检测对象只能是导电材料,面临着较小电荷积累以及减小表面器件损害的技术挑战。然而,以上技术均无法定量获得三维芯片的深度信息。AFM 是通过微探针直接接触被测样品表面,逐行扫描获取样品表面轮廓和粗糙度信息,具有纳米分辨率和三维定量检测的优势,但是由于硅探针针尖尺寸较大且存在展宽效应,对大深宽比三维结构测量存在严重失真。

综上所述,大深宽比纳米结构测量技术对于三维半导体芯片制造技术提升和工艺控制至关重要,其率先突破将直接影响半导体芯片制造领域。2021 年中国科协组织开展了"重大科学问题和工程技术难题征集发布活动",其中"如何解决三维半导体芯片中纳米结构测量难题"被遴选为十个工程技术难题之一。

1.8 调频激光雷达扫描测量技术与仪器

调频激光雷达扫描测量技术是解决当前高端制造业中非接触、大尺寸高精度、高点密度测量难题的有效手段。调频激光雷达基于相干探测成像技术，通过测量回波信号与发射信号之间由距离产生延时而引入的调制频率差，从而解调出目标的距离。调频激光雷达扫描技术具有测量范围大、精度高、非合作目标探测等优势，与其他测距体制的激光雷达相比，具有更小的平均发射功率和整体功耗。调频激光雷达技术实现了对传统大尺寸测量方法的颠覆。克服了传统测量方式需接触测量和合作目标测量而产生的被测物变形、残留多余物，甚至因测量范围不可达而无法实现测量等缺点。调频激光雷达扫描测量技术可有效解决大型装备几何参数精密测量难题，通过激光非接触扫描测量方式，在非合作目标的测量条件下，能够在 65m 测量范围内达到微米级的测量精度。

调频激光雷达扫描测量技术是大尺寸精密测量领域的研究热点。国际上，美国率先开展了相关技术研究，美国 Metris 公司(已被尼康公司收购)研制了世界上首台调频激光雷达扫描仪，仪器测量范围达到 50m，三维坐标测量不确定度达到 $U=10\mu m+9.5\times10^{-6}L(k=2)$，其中 L 是被测尺寸量值。2020 年，尼康推出新一代调频激光雷达扫描仪 APDIS[62]，测量范围和三维坐标测量不确定度等核心技术指标与上一代调频激光雷达扫描仪 MV330/350 等同，但是其测量速度达到 4000 点/s，比 MV330/350 翻了一倍，基于高测量速度增加了振动测量功能，通过将激光束指向被测物表面可测量最高 2kHz 的振动，从而用作非接触式加速度计。

调频激光雷达扫描仪已广泛应用于航空、航天等先进制造领域大型产品几何量参数精密测量。俄罗斯航天局采用调频激光雷达扫描仪用于天线展开金属面的面型测量，工作效率高于经纬仪系统、激光跟踪仪以及摄影测量系统；美国洛克希德·马丁公司将调频激光雷达扫描仪用于测量航天飞机外储箱的表面变形；波音公司将调频激光雷达扫描仪用于检测机身段蒙皮，采用 3 台调频激光雷达扫描仪共花费 6 小时完成，而此前同样的工作需采用 14 台激光跟踪仪花费 8 小时完成[63]；北京航天计量测试技术研究所也开展了激光雷达扫描仪测量应用研究，开发了多测量系统坐标系转化靶标，并应用在卫星产品的装配、网状天线装配面型、位置公差测量中。

当前，国际上调频激光雷达扫描测量技术研究集中在扩展测量范围、提升测量精度、提高测量速度、减小体积和重量等方面。美国 NIST 研制了基于光频梳校准的调频激光雷达，在 10.5m 的距离上针对非合作目标测量，三维坐标测量精度达到 10μm[64]；加州大学伯克利分校研制了一种片上集成的调频激光雷达，探测距离为 1.4m，50mm 探测距离上精度为 8μm[65]。

1.9　工业 CT

近年来，随着科研领域的不断扩宽和深入，高端制造产品对质量检测要求的不断提升，工业 CT 作为一种无损三维内部结构检测技术，其应用发展迅猛且呈现多元化发展趋势，在某些领域，如新能源、先进电子及增材制造等，已经逐渐成为高端制造的必备技术之一。其中，近两年具有代表性的新技术是原位多场耦合 CT 成像和锂电池在线 CT 检测设备。

原位多场耦合 CT 成像技术提供了在多种外场环境下，研究样品内部结构变化的解决方案[66,67]。随着工业 CT 的应用技术发展，仅在常规环境下观察样品已经不能满足研究的需要，如何让样品处于实际工作环境下观察样品内部结构的变化成为多个研究领域的热点。工业 CT 的非破坏性特点，对于研究样品处于不同外场影响下的内部结构变化具有天然的优势，常见的应用研究包括多孔介质中的液体流动、结构材料的压缩过程、岩石及脆性材料的压裂、材料的韧性断裂、电池的充电与放电、高温和低温条件等，在传统 CT 的 3D 成像基础上增加了新的维度，实现 4D 或 5D CT 成像。国外在这方面的开发工作已经有几年时间，关键部件、重建算法和原位加载系统等各方面不断推出新技术，经过系统集成开发出适合 4D 成像的工业 CT 整机产品，有代表性的公司为 Carl Zeiss、Waygate Technologies、Tescan 等。如 Tescan 的 DynaTom 产品系列，是专为原位加载设计的 CT 系统，采用了 X 射线和探测器围绕固定的样品台旋转的方式，可以在不影响原位装置操作灵活性的情况下完成连续扫描，采用 130kV 微焦点 X 射线源，1900×1500 平板探测器，空间分辨率 $<3\mu m$，时间分辨率为每旋转一圈的时间 $<10s$。

工业 CT 技术开始应用于锂电池在线检测，提升锂电池安全质量检测标准。锂电池行业正处于蓬勃发展期，从消费电子产品、电动汽车、航空航天到工业设备，锂电池都作为动力源而获得巨大的市场需求。同时，锂电池行业也面临巨大的技术挑战，在不断新增的安全法规要求和市场对电池性能提高的期待中，电池出现的任何故障尤其是安全性问题都会受到行业的高度关注，可能对生产企业带来巨大的经济损失。在传统的电池生产线上，常用二维 X 射线透视成像进行 100% 检测，发现电池内部质量缺陷，但随着行业发展，为了提升电池性能而出现的多种新型电池结构，二维 X 射线透视成像难以胜任，主要原因是存在前后互相遮挡的现象从而影响质量判断。工业 CT 作为一种实验室分析手段，已在锂电池行业得到较广的应用[68]，近年来依赖核心部件和重建算法的进步，大大缩短了 CT 扫描时间，提高了测试效率，国外在近两年开始出现在电池生产线上导入的 CT 检测产品，利用 CT 技术的三维成像特点发现电池内部的质量缺陷，提升电池的安全性检测标准。国外的工业 CT 厂家如 Carl Zeiss、Waygate Technologies 等推出了各自的在线 CT 检测产品 VoluMax 和 Speed scan HD，产品的设计特点不尽相同，还处于新产品的初级阶段，未来随着实际应用还需要进行不断迭代优化。相信未来在锂电池在线 CT 检测领域存在巨大的应用前景。

1.10　大量程纳米位移测量技术

纳米位移测量技术及器件是纳米科技发展的先导和基

础，是超精密高端装备的核心技术和关键功能部件。

目前大量程纳米位移测量器件主要有激光干涉仪、纳米光栅、纳米时栅、光频梳等。激光干涉仪以 633nm 激光波长作为测量单位，可直接进行长度基准的溯源与重现，因此大量程纳米直线位移传感器基本都采用激光干涉仪进行精度标定。而其测量误差随测量行程增加而增大，对使用环境敏感，在工业现场应用时空气温湿度、气压、二氧化碳含量的变化以及气流扰动等均会带来测量误差[69,70]。目前国内进口的商用激光干涉仪最高精度为±0.5ppm，分辨力 0.1nm，即在 400mm 测量行程内精度为±200nm。纳米光栅测量方法包括双光栅干涉、单光栅和双波长单光栅等，其中双波长单光栅纳米位移测量方法通过引进双频载波增强系统的抗干扰能力和稳定性，再配合外差相位细分技术，实现纳米级测量精度[71]。一方面，纳米光栅测量精度的进一步提高取决于等间距栅线的制造精度。目前普遍采用的紫外线光刻技术受光波波长和光学衍射极限的制约，可实现微米量级的等距栅线加工。美国麻省理工学院 (Massachusetts Institute of Technology)利用紫外线扫描光束干涉光刻技术在直径 300×300mm 的圆硅晶上刻划栅距为 0.4μm 的光栅[72]。另外压裂[73]、纳米压印光刻[74,75]等新技术也应用于栅式结构制造。总体上看，栅距已经逼近极限[76]，很难再缩小，现有的微纳制造方法仍然无法在 100mm 范围内加工出栅距为 100nm 以下的栅式结构[77,78]。另一方面，光栅测量原理和光栅制造同时面临光学衍射极限的制约[79,80]，光学衍射极限问题被 *Nature* 等国际权威期刊认为是一个国际性的重大难题[81,82]，已成为制约纳米光栅精度提高的瓶颈。目前国际领先的纳米光栅传感器有：德国 Heidenhain 公司通过干涉式扫描原理研制的 LIP201，光栅栅距 0.512μm，在 270mm 量程范围内精度为±100nm，经电子细分后分辨力 31pm[79]。日本 Sony 公司利用二次衍射技术研制的 BS78 光栅，栅距为 0.1379μm，在 40mm 量程范围内精度为±40nm，经过电子细分以后的分辨力为 17pm[83]。德国 Heidenhain 公司研制的 RON905，任意 360°量程范围内精度为±0.4″，分辨力 0.036″[84]。纳米时栅采用时空坐标转换思想，"以时间测量空间"，即用时间量构成空间测量基准，通过构建匀速运动坐标系，将空间位移转化为时间差进行测量。测量原理决定了其测量性能不依赖于精密的机械制造，根本上摆脱了对大尺寸超精密加工设备的依赖，将误差溯源到时间以实现大量程位移的精密测量；同时，利用高频时钟脉冲插补技术实现了高分辨力测量[85-87]。光频梳作为新一代激光器，其独特的时域频域特性已为精密测距带来革命性突破。与传统激光干涉仪相比，光频梳测距有两方面的优势：在测量方式上，改变了干涉仪条纹计数这种增量式模式，使其不再需要将被测目标沿导轨连续移动，直接实现了绝对距离的测量；在测量精度上，能够实现距离测量到频率基准的溯源[88-91]。

综上，大量程纳米位移测量技术的全球发展总体趋势是：实现数百毫米以上的绝对式位移测量，测量精度由纳米级提升到亚纳米级，测量分辨率达到皮米级。

1.11　光纤传感技术

随着新一代信息技术、人工智能、智能装备等新技术的兴起，以及深空深海深地探测等国家重大战略工程的实施，光纤传感技术在全球范围受到广泛关注和研究。光纤传感器在极端环境条件下具有极高耐受性、抗电磁干扰耐腐蚀、轻量小型化、高速大容量组网、宽频带高能效等特点，光纤传感技术已经成为全球研发和商业化工作的重点，正快速应用于航空航天、医疗健康、海洋工程、船舶、高铁、石油电力等系关国民经济和社会发展的重大领域，并向着智能化、高精度、高效率的方向快速发展。

光纤传感技术利用光纤本身作为传感单元和信号传输介质，能够连续感知光纤传输路径上任意点的应变和温度等物理量的空间分布和变化信息。目前，基于拉曼散射、布里渊散射和光纤光栅多路复用等原理的光纤传感技术已趋成熟，分布式应变、温度和声传感的光纤传感技术以及基于光纤光栅的多路复用技术已经工程化应用。主要发展趋势包括：光纤传感技术逐渐在石油勘探、油田监测、海底光缆铺设监测、重大基础设施监测、周界安防、飞行器和高铁等装备监测领域得到广泛应用；探索各种新原理，发展高空间分辨率、高精度的光纤传感技术与系统以适应高精度、动态快速的实时监测需求；小型化、微型化、轻量化及片上集成化、智能化成为光纤传感系统的重要发展方向，如美国研制的 5 通道片上光纤解调系统体积仅为 29mm×29mm×110mm、重量 119g、采样频率达 20kHz、精度±5pm。由于光纤传感器具有轻柔可弯曲、抗电磁干扰的天然属性，其在航空航天领域特别是极端环境下(如低温、辐照)具有非常明显的优势。因此，宽测量范围的光纤温度传感器、长寿命高传递效率的光纤应变传感器、高频响应的光纤振动传感器等特种光纤传感器将在辐照、高低温循环交变等恶劣条件下发挥越来越重要的作用。

本年度，光纤传感技术在航空航天和医疗健康等高精尖产业领域的应用发展迅速。在航空航天领域，近年来随着飞机、卫星、载人飞船等重大装备性能的不断提升和空天飞机、高超声速飞行器、变体飞行器、深空探测器等新技术装备的发展，传统的地面测试和定期检测等非实时手段逐渐无法满足装备需求，适合机载环境的飞行器结构与环境参数实时监测技术成为重大需求，其中光纤传感技术以其独特优势成为研究发展的重要方向，被视为最具潜力的飞行器结构实时监测技术之一，相关的传感光纤、多参数高灵敏光纤传感器、高速微型解调仪、监测组网、数据处理与高精度重构等各项技术迅速发展，推动了光纤传感技术在各类飞行器结构与环境监测中的应用。

在医疗健康领域，基于分布式光纤测量原理的光纤导航技术被认为是最具应用潜力的导航技术之一，该技术利用光纤传导光信号测量手术器械"姿态"和"力"等参数，具有本质安全、易集成和抗电磁干扰等优点，适用于各类手术机器人，也兼容各类导航设备。重要进展有：荷兰 Philips Medical Systems 公司利用多芯光纤传感器和光频域反射计原理，研发出基于光纤传感技术的医学导航系统(命名为 Fiber Optic RealShape system，FORS)，并且完成了 FORS

系统的血管内导航模拟实验、动物试验和首次临床试验；招募 22 位患者的临床试验表明，利用 FORS 和造影组合导航可以取得更好的效果，同时 FORS 可大幅减少手术过程中射线使用频次；在几项试验中只使用 FORS 即可达到导航目的，无需使用射线。目前，美国 Intuitive Surgical 公司已将此类导航系统应用于其最新的肺活体组织检查机器人 Ion。

1.12 大型高端精密回转装备装配测量仪器超精密校准技术

超精密装配测量技术是保证大型高端精密回转装备制造精度的重要手段。大型高端精密回转装备复杂构件具有大直径、短止口、窄环带的特殊多级结构，误差源众多难以辨识，误差累积传递机理不清晰，给超精密测量与装配带来极大的技术瓶颈。大型高端精密回转装备装配测量仪器是实现高端装备精准装配的专用利器。目前亟待解决的问题是：面向大型高端精密回转装备装配的迫切需求，突破基于多偏置误差源辨识和分离补偿的超精密测量方法、大承载高刚度超精密回转运动基准等核心关键技术，研制具有自主知识产权的超精密装配测量仪器，实现大型高端精密回转装备装配的准确测量和量值溯源，全面提升大型高端精密回转装备的制造质量。

国内外研制的大型高端精密回转装备测量仪器的测量原理不同，所以导致测量值分散较大、难以统一。欧美著名仪器公司 AMETEK、AXIAM、RPI 等为美国 GE、美国 NASA、英国 RR 等研制了专用的大型高端精密回转装备装配测量仪器。美国 AMETEK 公司研制 SPS 系列大型精密回转装备测量仪器，用于强化引擎定位调整系统，大大减小了组装堆叠时间、优化了发动机的性能。美国 AXIAM 公司研制 AXIAM 3D 系列大型精密回转装备测量仪器，已用于多种型号涡轮发动机装配。英国 RPI 公司研制的 IMAP 系列大型精密回转装备转静子测量仪器，用于测量和评定大型精密回转装备转静子跳动、圆度、同心度、平行度等重要装配参量。由于各自的测量原理、测量方法、仪器结构均不相同，缺少超精密计量技术手段，测不全、测不准、误差累积传递机理不清晰等技术瓶颈导致装配精度低、一致性差、稳定性差、误差无法溯源，给装配领域带来巨大困扰，制造精度难以得到保障。

综上，目前国外不同大型高端精密回转装备装配测量仪的测量原理不同，准确度不相同，导致装配精度分散性较大，严重影响大型高端精密回转装备的装配精度和研制周期。因此，亟须研究大型高端精密回转装备在线超精密装配测量技术与仪器。

1.13　原子力显微镜

1. 基于原子力显微镜的纳米加工

基于原子力显微镜的纳米加工是扫描探针仪器的核心技术之一，近期成了半导体先进节点的掩模修复工具，应用于半导体产业中。EUV 掩模价格昂贵，使用过程中产生的缺陷需要纳米探针进行加工和清理，从而达到修复效果。使用这一技术，研究人员成功清理了 EUV 掩模上 45nm 到

1μm 以上的颗粒，并将该技术应用于 5nm 结点的 EUV 产线。如图 1.4[92]所示。

(a) 将纳米尖端与纳米颗粒接触　(b) 使用电子束生作用于尖端和纳米粒子之间

(c) 在尖端和纳米粒子之间建立高强度连接材料　(d) 使用探针纳米操控将纳米颗粒剥离表面

图 1.4　纳米粒子清除概念

利用纯机械纳米加工模式的技术也有新的进展，实现了 5nm 及其他先进节点的掩模修复。此外，新技术的进展还体现在两个方面，一方面加工路径可根据修复目标进行智能化规划，一方面开发出高锐度金刚石探针技术。纳米加工过程的控制中，切削量依照针尖的横向刚度进行自适应调整，以保护针尖的锐度，连续在高深宽比的掩模图案中精确作业。如图 1.5[93]所示。

(a) 探针末端直接进行机械切削、清理

(b) 污染颗粒清理前后

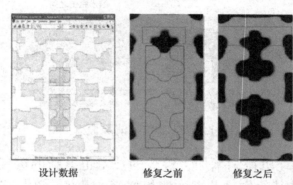

设计数据　　　　　　修复之前　　　　　修复之后

(c) 参照EUV掩模设计图案直接使用纳米加工进行修复

图 1.5　基于纳米机械加工的掩模修复

2. 针尖增强拉曼光谱技术

针尖增强拉曼光谱技术(Tip-enhanced Raman spectroscopy,TERS)是一种基于扫描探针显微术的等离激元增强光谱技术，具备纳米尺度下物质结构物化特性的高分辨和高灵敏度的表征能力。拉曼光谱技术是利用光子与物质结构中的分子振动(或声子)相互作用所形成的非弹性散射谱，由于不同的分子或声子振动具有不同能量的散射峰，因此拉曼光谱也是一种振动指纹识别光谱。然而，由于受到光学衍射极限的限制，传统的光学显微镜只能达到 200nm 左右的分辨率，无法用来探测更加微观的单个分子的振动信息。为了实现这一极具挑战的目标，1985 年，Wessel 提出了"表面增强光学显微镜"的设想，即在扫描探针显微镜的针尖上修饰一个金属纳米颗粒，用来扫描并探测衬底结构的局域拉曼响应[94]。他认为这样的方案甚至可以达到单个分子的探测灵敏度。这样的创新想法也为后期的 TERS 技术发展奠定了基础。直到 2000 年，由四个不同的小组(Zenobi[95]，Anderson[96]，Kawata[97] 和 Pettinger[98])分别独立实现了 TERS 的分子实验测量，开启了 TERS 技术的研究热潮。随着 TERS 技术的不断发展，它已在单分子化学识别、单分子表面催化、二维材料以及生物大分子的结构表征等领域得到了广泛应用。

　　在单分子化学识别领域，TERS 成像的空间分辨率已经达到亚纳米水平，甚至可以识别分子内的单个化学键。2013 年，董振超研究小组在液氮温度下成功实现了单个 H_2TBPP 卟啉分子的拉曼振动成像，首次将 TERS 成像分辨率推进至前所未有的 0.5nm 水平[99]。基于该项技术，他们又进一步成功识别了单晶表面上范德瓦尔斯接触的不同卟啉分子结构[100]。2019 年，美国 Apkarian 研究小组成功实现了 Cu(111)表面单个 CoTPP 分子的不同振动模式的空间成像，分辨率达到了 1.67Å[101]。同年，董振超研究小组也实现了单个 MgP 分子的不同振动模式的 TERS 空间成像，将分辨率推进至 1.5Å 的单个化学键水平，并提出了一种新的确定分子化学结构的方法学——扫描拉曼埃分辨显微术[102]。2020 年，日本 Kim 研究小组实现了 NaCl 表面单个 CuNc 分子不同振动模式的 TERS 成像，发现不同振动模式的空间图案与其振动对称性相关联[103]。2021 年，他们又通过记录不同激发光能量下的 TERS 光子总强度，实现了 NaCl 表面单个 H_2Pc 分子的激发谱测量，能量分辨率达到了 0.5meV[104]。

在单分子表面催化领域，TERS 可以原位识别化学反应前后分子特征化学键的变化。2017 年，任斌研究小组将 PIC 分子作为探测分子，利用 TERS 技术研究了 Pd/Au(111)双金属表面上不同位点的电子态与催化特性，分辨率达到 3nm[103]。2021 年，董振超研究小组利用 TERS 技术研究了 Cu(111)表面单个三聚氰胺分子的脱氢以及光致异构化反应，不仅证实了 TERS 技术具备单个化学键的检测灵敏度，而且还指出 TERS 技术的纵向探测深度为 4Å[105]。同年，日本 Kim 研究小组通过表面化学合成具备 π 电子系统的烯炔化合物和多烯化合物，并通过 TERS 技术加以验证[106]。

在二维材料中，层内与层间声子振动、缺陷以及边缘结构往往会对材料的光电特性产生极大影响，利用高分辨 TERS 技术表征材料的微观结构特性至关重要。2017 年，吴克辉研究小组利用亚纳米分辨的 TERS 技术对 Ag(111)表面不同硅烯相以及硅烯中缺陷和边界进行了精细表征[107]。2019 年，任斌研究小组表征了金膜上单层和双层 MoS_2 的 TERS 响应，并由此得出了 MoS_2 边缘能带弯曲以及电子态转变区域的距离[108]。2021 年，巴西 Jorio 研究小组利用 TERS 光谱成像技术表征了重构的双层扭角石墨烯的超晶格结构，并揭示了电声耦合对于石墨烯拉曼峰强与峰宽的影响[109]。

在生物系统中，不同的生物组成或结构构型会对生命活动演化产生巨大的影响。因此，利用 TERS 技术对基本生物结构的探究具有重要意义。2012 年，德国 Deckert 研究小组利用 TERS 技术表征了胰岛素纤维中不同氨基酸分子的结构特性和构型变化，TERS 分辨率高于 2nm[110]。2017 年，董振超研究小组利用非共振 TERS 技术成功识别了表面上紧密相邻的 DNA 碱基分子 A 和 T，分辨率达到 0.9nm[111]。2019 年以后，美国 Scully 研究小组利用高分辨的 TERS 技术分别实现了表面上 DNA 和 RNA 单链中单个碱基分子的精准识别[112,113]。

1.14 扫描电镜技术

微观表征揭示宏观表现是物质世界遵循的法则，电子显微镜的发明开启了人类进入纳米微观世界的大门。扫描电子显微镜(Scanning Electron Microscope，SEM)自 20 世纪 60 年代被英国剑桥科学仪器公司成功商用化以来，由于其 1nm 级的超高分辨能力和广泛的适用性，电镜技术很快作为基础研究的重要仪器设备(如图 1.6、图 1.7 所示)被应用于材料科学、生命科学、工程失效分析、半导体芯片分析、考古学等研究领域，如高端材料的研发(特种金属材料、新型储能材料)、半导体工艺研究、生物学结构解析(病毒蛋白解构)、组织结构三维图像拼接重构、新型药物开发、疾病治病机理分析、地质/石油岩心分析、芯片蚀刻及失效分析、脑科学研究(人工智能)等重大领域中，同时能谱仪(EDS)等电镜附件的加入可以大大扩展扫描电镜的应用范围，提供微观形貌外成分组成分布等材料表征信息。

图 1.6 扫描电子显微镜(SEM)系统平台外观
(此图由赛默飞世尔提供)

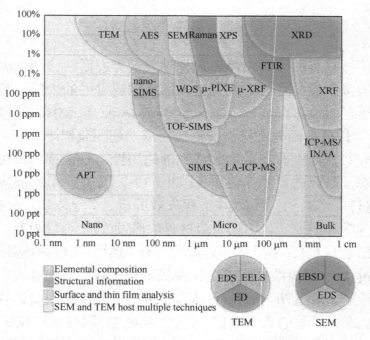

图 1.7 电子显微镜(SEM 及 TEM)与其他分析技术在空间分辨力和
元素分析能力的综合比较

扫描电子显微镜作为使用最为广泛的电子光学(Electron Optics)显微仪器，主要由电子光学镜筒、电子探测器系统、主腔室真空系统、样品运动控制系统、电子光学控制与成像系统、附件系统等几大分支系统组成。与光学显微镜类似，核心技术为电子光学镜筒设计，其中包括：电子发射源(电子枪)、聚光镜(Condense Lens)、物镜(Objective Lens)等主要模组，更具设计需要还包括如消像散器(Stigmator)、消隐器 (Blanker)，韦恩滤波器 (Wien Filter)、偏转器 (Deflector)，单色器(Monochromator)等。除系统设计负载外，扫描电镜作为商用化科学仪器，对于制造工艺的要求也极其严苛，其中核心关键技术包括：

(1) 超高真空系统设计与制造技术——10^{-10}Torr 级别真空腔室设计与加工、表面处理、热处理等技术；泵组的搭配设计与控制流程，密封技术；高压器件真空封接技术等。

(2) 电子光学透镜加工制造技术——软磁材料加工与热处理技术，超精密机加工工艺，材料表面处理工艺，超高精度装配与调试工艺等。

(3) 电子探测器制造技术。

(4) 超低纹波高压技术。

(5) 纳米位移控制技术。

扫描电镜作为微区分析实验平台，除可以实现不同类型电子的探测外，还可搭载多种附件探测器或模组，如能谱仪(EDS)、波谱仪(WDS)、电子背散射衍射仪(EBSD)、阴极荧光(CL)、纳米 CT 等探测器实现材料成分分析表征、晶体取向和位错分析、电致发光材料分析、材料内部 3D 结构等分析功能外，还可与如聚焦离子束(FIB)、原子力显微(AFM)、冷冻制样(Cryo)、光学显微镜、激光切割、飞行时间二次离子质谱(TOF-SIMS)、拉曼光谱仪(Raman)等其他技术手段联用，实现微纳米精细加工、表面摩擦等力学分析、原位组织结构表征、痕量级材料成分分析等各类分析技术(见图 1.8)。

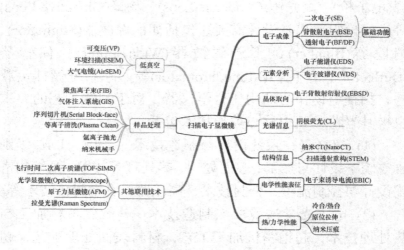

图 1.8　扫描电镜平台分析扩展功能图

目前国际上主要的扫描电镜厂商有 5 家，分别为美国的赛默飞世尔(Thermo Fisher，原 FEI)、德国的卡尔蔡司(Carl Zeiss)、日本的日本电子(JEOL)、日本的日立高新(Hitachi)、捷克的泰斯肯(TESCAN)，它们占据了全球电镜市场 95%以上的市场份额。此外还有 3 家韩国企业紧随其后。2018 年 3 月，美国赛默飞世尔(Thermo Fisher)推出极高分辨力扫描电镜 Verios G4，实现了全加速电压段亚纳米分辨力，具体为 0.7nm@1kV，0.6nm@2-15kV。

近年来，扫描电镜技术已经在如下几个发展方向取得了长足的进步。

(1) 更高分辨力：从高压下的高分辨力向低压下高分辨力发展，像差校正技术引入可以极大提高低压分辨能力，可实现最高为 0.4nm@30kV 的电子分辨力(数据来自于日立高新 SU9000)。

(2) 平台化：结合各类电子信号探测(SE、BSE、In-lens SE、STEM)、能谱仪/波谱仪(EDS/WDS)、背散射衍射电子谱仪(EBSD)、阴极荧光(CL)，力学拉伸台、纳米探针、加热制冷台等。

(3) 观测原位化：从高真空向可变真空度，再到环境扫描观测含水样品，最近几年来有相关研究朝大气电镜(AirSEM)的方向在努力。

(4) 信息三维化：从表面观测向立体观测发展，比较标准的方式是利用聚焦离子束(FIB)进行微区三维重构，最近随着连续自动条带收集(ATUM)的方法日趋成熟，基于超薄连续切片重构的方法也开始被采用。

(5) 结构小型化：桌面型扫描电镜市场方兴未艾，由于体积小巧、价格低廉，近 10 年来应用范围不断拓展，客户群不断扩大。

随着材料科学、生命科学和高端制造业(尤其是半导体工业)的不断发展，近些年来扫描电镜技术得到了快速的发展，市场复合增长率(CAGR)也保持在 8%的良性发展水平。国际上评价扫描电子显微镜性能最重要的指标依然为其分辨能力简称分辨力。扫描电镜的发展历史及重要阶段也是以分辨力的提升为核心标志的，分辨力是评价电镜的重要衡量依据。

第 2 章　我国发展现状

2.1　我国三维共焦显微测量理论、产品和标准齐头并进

(1) 基础研究

我国有关共焦显微技术的基础研究自 20 世纪 90 年代中期开始日趋活跃。中国工程院外籍院士顾敏教授，于 1996 年出版的 *Principle of Three Dimensional Imaging in Confocal Microscopes* 是较早翻译为中文、并在我国学者中广为参阅的有关共焦显微技术的专著。共焦显微理论奠基人及英国皇家显微学会前任主席，牛津大学 Tony Wilson 教授也为我国学者所熟知。2016 年，谭久彬教授与刘俭教授合著出版了 *Confocal Microscopy* 简明物理丛书，从成像理论、光瞳滤波器设计理论、差动共焦传感理论以及扫描关键技术等方面，较为系统地阐述了哈工大在共焦显微仪器技术研究方面的成果与进展。2018 年，刘俭教授出版了 *Elliptical Mirrors Applications in Microscopy* 专著，系统阐述了椭球反射镜作为一种新型高孔径成像器件其聚焦理论的建立，介绍了反射成像技术在宽谱成像与三维共焦显微测量中的应用。

上述专著部分体现了我国学者在共焦显微技术基础研究方面的原创性和系统性贡献，此外，浙江大学发展了横

向差动共焦显微技术[114]；北京理工大学将差动共焦技术与拉曼光谱探测相结合[115]，在多原理联用方面取得了众多创新成果，等等。

(2) 产业发展

自"十一五"设立国家重大科学仪器设备开发专项以来，共焦显微仪器产业生态持续改善，高层次研发人员和高技能人才从业数量显著增加，企业配套能力显著增强。在专用仪器领域，涌现出一批优秀成果、产品和企业，例如哈工大研制的共焦显微拼接仪成功用于航天型号任务，中介层荧光共焦显微镜整机出口英国；北京理工大学将差动共焦技术用于光学元件曲率半径测量，已形成系列产品等等。然而，在通用仪器领域，我国目前还缺乏具有相应市场研发和开拓能力的企业。核心基础部件和高端产品整机仪器可靠性问题仍然是产业发展亟待突破的重点。

(3) 标准制定

在三维显微测量中，高度信息的引入使得很多传统计量理论与方法不再适用，ISO 组织迫切需要制定新的标准从而保障现代全球化生产的量值准确性和一致性。在 ISO 组织中，TC213 委员会 WG16 工作组从事有关区域表面测量的标准制定，与共焦显微测量最为密切，近年来新制定或修订的 ISO 标准主要包括：25178-6XX 和 25178-7XX 系列等。我国与 ISO/TC213 委员会相应的国内归口秘书处为 SAC/TC240，秘书处设立在中国机械研究总院中机生产力促进中心，负责产品几何技术规范相关国家标准制定、修订及国际标准转化。

　　长期以来，在产品几何技术规范领域，美国、德国、英国、法国等技术发达国家对该领域国际标准计量的科学贡献居于主要地位，我国相关标准制定以转化国际标准为主，自主创新占比不高、标准制定和修订的时效性不强。但近年来，随着我国基础研究水平提升，国际化高层次人才培养取得成效，一批具有国际视野的专家学者进入到国际组织，一批优秀成果进入到国际前沿，我国在国际标准制定中的影响力和话语权逐步增强。

2.2　我国高性能原子钟技术取得重要进展

　　国内高性能光频原子钟及其绝对频率溯源技术取得重要进展。中国计量科学研究院的锶原子光晶格钟进行了技术升级，性能得到了较大提升。首先为锶光钟建立了新的超稳钟跃迁探测激光系统。为了减小激光系统参考腔的热噪声极限，采用了超低膨胀玻璃 ULE 制成长参考腔，并为参考腔配备了精密真空控温系统；通过有限元分析优化了参考腔的支撑结构，并通过精密测量参考腔的振动敏感度优化了隔振系统；建立了高带宽频率锁定系统，把超稳激光的秒稳定度提升到了$(3\sim5)E-16$。设计了多路温度测量仪的校准流程，把温度测量的不确定度降低到 10mK 以内，大大提升了原子周围环境温度测量的准确度。在新一轮的系统频移评定中，锶光钟总的系统频移不确定度达到了$2.9E-17$。

　　在光钟绝对频率测量方面，计量院研究了两种绝对频率溯源方法，支撑国内光钟为国际光钟频率推荐值的定值提供测量数据。第一种方法是溯源到本地的铯原子喷泉基准钟，这种方法中国计量科学研究院在 2015 年就开始进行研究，并成功为我国光钟第一次为次级秒定义定值提供了参考数据，本年度又为钙离子光钟的绝对频率测量提供了技术保障。第二种方法是通过卫星链路溯源到国际时间频率公报中的国际基准喷泉钟组，实现绝对频率溯源。这种方法的优点是可以充分利用全世界的基准钟资源，因此测量不确定度有可能比本地的喷泉钟更佳。由于光钟目前无法连续运行，而 TAI(国际原子时，International Atomic Time)是不间断连续运行的，因此中国计量科学研究院充分考虑了光钟无效运行时间的影响，把锶光钟的绝对频率测量不确定度推进到了 3.1E-16[116]，今后可以通过长时间测量进一步减小测量不确定度。中国计量科学研究院建立了光钟绝对频率溯源开放共享平台，为国内的其他光钟研究提供绝对频率溯源服务，帮助国内更多单位研制的光钟为秒定义变更做出贡献。2019 年底，中国科学院精密测量科学与技术创新研究院(中科院精测院)研制的两台可搬运钙离子光钟搬运到了中国计量科学研究院，进行绝对频率测量和光钟比对研究。两台可搬运钙离子光钟到达中国计量科学研究院后，很快恢复了运行，可搬运光钟的可靠性设计得到了检验。两套可搬运光钟在中国计量科学研究院进行了新的不确定度评定，系统频移不确定度指标分别为 1.3E-17 和 1.1E-17。利用中国计量科学研究院研制的光纤飞秒光梳和绝对频率溯源链路进行了绝对频率测量，测量不确定度分别为 5.6E-16[117] 和 5.3E-16。华东师范大学的镱原子光晶格钟不确定度达到了 1.3E-16，通过中国计量科学研究院的远程时间频率传递系统进行了绝对频率测量，测量不确定度为 7.3E-16[118]。其中中科院精测院的一台钙离子光钟和华东师范大学的镱原子光钟的绝对频率测量结果经由中国计量科学研究院报送到了国际计量委员会(CIPM)下属的长度和时间频率咨询委员会(CCL-CCTF)频率标准工作组(FSWG)，是我国时间频率研究领域精诚合作产生的重要科研成果。中科院精测院的镱原子光钟和铝离子光钟、华中科技大学的铝离子光钟、中科院国家授时中心的锶原子光晶格钟，均取得了可喜的进展。中科院国家授时中心建立了可搬运的锶原子光晶格钟，为未来空间光钟打下了良好的基础。

此外，我国在传统星载铷钟和星载氢钟方面的技术能力、性能指标均达到了国际先进水平，已广泛应用于北斗卫星导航系统及其他空间应用系统。

国内研制星载铷钟的单位有北京无线电计量测试研究所、中科院精密测量研究院、中国航天科技集团公司五院西安分院(504 所)及成都天奥电子股份有限公司。其应用于北斗卫星导航的星载铷钟性能指标如下：输出频率 10MHz，日频率稳定度 2E-14，日频率漂移率 1E-13 目前皆在研制高性能星载铷钟，并取得一定进展，实验室测试数据证明，日频率稳定度可进入 E-15 量级。如图 2.1 所示。

国内研制星载氢钟的单位有北京无线电计量测试研究所和中科院上海天文台。性能指标如下：频率稳定度 1E-12($\tau = 1s$)，7E-15($\tau = 1d$)，日频率漂移率 5E-15，如图 2.2 所示。

图 2.1　国产星载铷钟照片

图 2.2　国产星载氢钟照片

2.3　新冠病毒抗体测量有效支撑我国防疫

新冠病毒抗体检测从作为新冠肺炎确诊的辅助手段，

逐步成为疫苗接种后群体免疫水平评估的重要方法。新冠病毒抗体检测试剂盒主要是以免疫层析方法和化学发光方法为技术核心，相比于核酸检测具有快速简便、实验环境要求不高、成本低等特点，在疫情初期的大量样本筛查中发挥了巨大优势和重要作用。新冠病毒抗体检测技术和试剂的准确性、溯源性及国际等效性，可为准确有效评价群体免疫程度和防控新冠疫情提供支撑。

随着我国新冠病毒疫苗接种的大范围开展，疫苗接种者新冠病毒抗体水平检测的重要性逐渐凸显出来，特别是中和抗体水平与疫苗的保护效果之间具有高度相关性。国内已有超 100 家体外诊断试剂企业研发的新冠中和抗体检测试剂获欧盟认证并出口国外。

2.4　我国初步建立真空测试计量技术体系

1. 磁悬浮转子真空计

我国磁悬浮转子真空计长期依赖于进口，近年来国内的科研机构逐渐聚焦于高端真空测量仪器的开发。兰州空间技术物理研究所近年来致力于计量级磁悬浮转子真空计的研制工作，先后攻克了永磁偏置转子高质量悬浮、转子轴向位移精确测量、残余阻尼抑制、转子转速衰减速率动力学模型构建及高精度检测等关键技术，掌握了低涡流损耗转子制备、精密绕组线圈制备等关键工艺，关键元材料和元器件实现了一定程度的国产化，目前已初步完成了磁悬浮转子真空计原理样机的研制，正在开展计量特性实验研究。该研究成果为建立我国较完整的真空计量技术体系、实现我国真空量值与国际标准等效奠定了基础。未来通过进一步的电路优化、材料制备、工艺提升，将实现该计量级高真空测量仪器的产品化和商业化应用。

2. MEMS 绝压式电容薄膜真空计技术

当前，我国 MEMS 产业迅速发展，基本建立了完整的产业链，初步具备全流程科研生产制造能力。在此基础上，国内多家高校和科研院所开展了 MEMS 绝压电容薄膜真空计(MCDG)的试制[119]。中国科学院提出了基于静电伺服模型的 MEMS 型电容薄膜真空计原型[120]；厦门大学也开展了 MEMS 型电容薄膜真空计相关研究[121]；兰州空间技术物理研究所近年来致力于 MEMS 型电容薄膜真空计的开发，已经取得实质性进展[122]，如图 2.3 所示，该样机先后攻克了大宽厚比感压薄膜制作、吸气剂薄膜制备、微小腔体真空度获得与维持等关键技术，掌握了 MEMS 绝压式电容薄膜真空计的核心技术。但是，我国 MEMS 产业规模仍然较小、门类不全、产品偏中低端。MEMS 绝压电容薄膜真空计作为高端产品，需要大量进口，例如，在民用领域，真空绝热板的真空度为 $10^2Pa \sim 10^4Pa$，真空环境需要全生命周期的压力监测，但是要求其测量技术要实现微型化、无干涉；在深空探测领域，对载荷的尺寸、重量、功耗均提出严苛要求；在临近空间探测领域，临近空间飞行器是未来战略制高点，在有限的空间和功耗条件下，微纳真空压力传感器直接关系飞行状态的精确控制，这对于传感器微型化设计提出了更高的要求；在国防领域，风洞实验是武器型号设计优化的重要手段，为了精确测量流场，需要对压力进行精确测量，同时测量仪器不能对流场造成扰动。以上各领域均对 MEMS 绝压电容薄膜真空计提出了急迫的应用需求，而国内微纳加工技术和真空传感技术在工艺重复性、仪器技术兼容性、工程应用的可靠性等方面还有一定的进步空间。

图 2.3　MEMS 绝压式电容薄膜真空计

2.5　我国毫米波太赫兹仪器实现规模化应用

我国微波矢量网络分析仪开发研制始于 20 世纪 90 年代初期，随着相控阵雷达、移动通信、卫星通信、卫星导航、电子战、精确制导等电子装备不断发展，急需能够测量相控阵雷达 T/R 组件幅相一致性的微波矢量网络分析仪，经过 30 多年不断发展，国产矢量网络分析仪已家族化，形成了手持式、经济型、高性能、毫米波与太赫兹四个系列产品，共计 20 多个型号，测量频率覆盖 10kHz～1.1THz，实现了批量生产和规模化应用。

（1）宽频带同轴微波矢量网络分析技术取得重大进展，构建了国产微波同轴矢量网络分析仪产品体系。我国宽频带同轴微波矢量网络分析仪已形成系列化和家族化产

品体系，采用 N 型、3.5mm、2.92mm、2.4mm、1.85mm
和 1.0mm 同轴连接器的微波矢量网络分析仪系列产品体
系，测试频率覆盖了 10kHz～110GHz，四端口微波矢量网
络分析仪如图 2.4 所示。联合国内微波集成电路科研机构，
新研制了多款宽频带微波单片集成电路，采用多芯片混合
集成工艺，大幅提升了微波矢量网络分析仪的集成度，降
低了生产制造成本，提高了性能特性。

（2）毫米波与太赫兹矢量网络分析技术取得重要进
展。面向太赫兹科学研究与工程应用需求，探索了矩形金
属波导复杂导波结构精密制作与三维电路集成工艺，联合
开发了太赫兹肖特基二极管及二极管堆，研制了太赫兹倍
频、混频、检波、定向耦合、匹配负载等关键核心部件，
集成了毫米波与太赫兹矢量网络分析仪，测量频率覆盖了
50GHz～1.1THz，采用无介质倍频、多层倍频空间功率合
成和多二极管级联倍频等太赫兹信号发生，以及高本振谐
波混频和集成化混频等创新技术，国产 1.1THz 矢量网络分
析仪如图 2.5 所示。

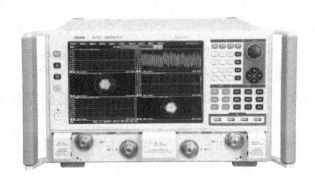

图 2.4　四端口宽带同轴矢量网络分析仪

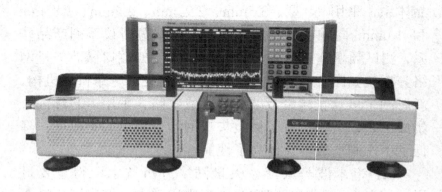

图 2.5　　太赫兹矢量网络分析仪

（3）国产第三代矢量网络分析平台投入使用，在通用化、平台化、系列化发展上迈出了坚实步伐。我国高性能多功能微波矢量网络分析仪设计定型，标志着我国高端矢量网络分析仪完成了第二代到第三代的更新换代，不仅有优良的硬件性能，还配置丰富的测量软件，不仅具备线性连续波 S 参数、脉冲调制 S 参数、多端口 S 参数等测量功能，还具有单频非线性 X 参数、双频非线性 W 参数、频谱分析、噪声系数测量、混频器扫频测量、AM-PM 转换测量、相位扫描测量、热态 S 参数测量、接收机稳幅等测量功能，一台仪器实现了多台仪器的测量能力，实现了从网络参数测量到信号测量的拓展。

近两年，我国在太赫兹计量领域的主要研究如下：

（1）太赫兹时域计量方面

我国航天二院 203 所、中国计量科学研究院都已完成太赫兹脉冲波形标准装置研制，目前航天二院 203 所已获批计量标准，上升时间 3.0ps，扩展不确定度 1.0ps(k=2)。

(2) 太赫兹频域计量方面

将从太赫兹功率、S 参数、噪声、衰减四个方面进行详细介绍。

太赫兹功率计量方面，近年，中国计量科学研究院研制了 "0.22THz～0.33THz 功率基准装置"，航天二院 203 所研制了 "0.11THz～0.17THz 波导小功率标准装置"。

太赫兹 S 参数计量方面，我国开展太赫兹 S 参数计量研究的机构主要是航天二院 203 所、中国电子科技集团公司第四十一研究所、中国计量科学研究院等，频率覆盖到了 0.5THz。近年，航天二院 203 所完成了 "0.22THz～0.5THz S 参数标准装置" 研建，该装置采用自主设计研制的反射幅度、传输幅度、传输相位标准器，解决了全频带内反射幅度标准器频率响应不平坦、相位标准器多周期相位缠绕等问题。

太赫兹噪声计量方面，我国开展太赫兹噪声计量研究的机构主要是航天二院 203 所、中国计量科学研究院等，频率都覆盖到了 0.22THz。近年，航天二院 203 所完成了 "0.11THz～0.17THz 噪声标准装置" 研制，该装置主标准器基于 "辐射体法"，采用太赫兹辐射体产生标准噪声信号，由低驻波、小插损耦合天线将噪声信号输出，突破了天线插损测试、辐射体法标准高/低温噪声源等效输出噪声温度评估、高稳定性太赫兹噪声比较等关键技术；中国计量科学研究院研制了 "0.14THz～0.22THz 噪声基准装置"，该装置采用 Y 因子法进行量值传递，突破了辐射型噪声源扩频喇叭研制和电导率提取等关键技术。

太赫兹衰减计量方面，航天二院 203 所研建了

"0.11THz～0.17THz 衰减标准装置"。

（3）太赫兹空域计量方面

近年我国西安应用光学研究所研制了"太赫兹源光谱辐射系列参数校准装置"，辐射功率测量波长测量范围 0.1THz～5THz。此外，还设计研建了太赫兹源波束发散角测量装置，为相应计量标准的建立奠定了技术基础[123]。北京航天计量测试技术研究所研建了 0.1THz 单频连续波太赫兹波束发散角测量装置，用于太赫兹波束发散角、质量因子、束腰等波束轮廓特性参数的校准[124]。中国计量大学提出了一种太赫兹阵列探测器响应度校准溯源方法，测量结果可溯源至国家太赫兹辐射功率标准[125]。

上述装置的成功研制，表明我国已初步形成了太赫兹部分参数计量校准能力，为构建我国完整的太赫兹参数量值传递与溯源体系奠定了基础。

2.6　高性能视觉检测成套装备应用于智能制造

与国外机器视觉的发展历程相比，我国的机器视觉产业起步虽晚，但发展速度较快。20 世纪 90 年代初，随着以数字 CCD 图像传感器及成像系统被引入国内，以天津大学、清华大学、国防科技大学、北京航空航天大学为代表的一批高校相继开展视觉检测技术在汽车、航天、军工及高端科研(天文、力学研究等)领域的理论研究工作。进入 2000 年后，随着 X86 架构计算机的普及和我国汽车电子领域制造业的蓬勃发展，我国视觉检测技术在算力提升和应

用牵引的双重驱动下进入快速发展阶段, 天津大学叶声华、
邾继贵等率先将视觉检测技术成功应用于一汽大众、江淮、
东风神龙等汽车厂的白车身在线质量检测, 标志着我国视
觉检测技术与系统在大型复杂工业产品制造领域开始实现
规模化应用。从 2010 年开始的近十年, 我国机器视觉产业
上下游产业链的不断完善, 大量技术实现成功转化, 出现
了以易思维(杭州)科技、武汉中观、郑州辰维为代表的一
批具有鲜明技术特色和行业竞争力的视觉检测设备研发企
业, 部分产品技术指标已经达到或超过国外同类水平, 并
且开始走出国门向欧美制造企业提供技术装备, 整体行业
发展一直保持 20%～30%的高增速。此外, 随着 5G 网络、
AI 技术的发展, 我国进入视觉检测领域的企业也在日益
增多, 上下分工进一步细化。如海康威视、华为、阿里、
商汤科技等传统硬件制造商、网络服务商及算法平台服务
商纷纷开始基于自身技术优势, 提供面向视觉检测的技术
服务[126]。

　　还需要清醒地认识到, 虽然我国在视觉检测技术快速
发展并在汽车电子等局部行业领域取得成功应用, 但在技
术体系完备性和服务智能制造的应用范围上, 较美、德日
等传统制造强国仍有较大整体差距。特别是欧美国家目前
仍占据 CMOS 高端图像传感器、GPU/FPGA 高性能图像处
理芯片等生产系统基础端, 掌握住了如视觉三维自动化处
理、测量软件等价值链当中价值含量高的部分, 牢牢控制
着视觉检测技术的国际标准制定权力, 并且还在不断从源
头和价值的投放端加强其核心竞争优势。当前我国机器视
觉发展, 比以往任何时间都更迫切需要自主原创技术突破

和相关技术领域的系统化体系化支持。

2.7　复合纳米探针测量仪器实现晶圆测量

西安交通大学经过十余年的研究积累，在深入研究纳米线/碳纳米管探针制备工艺和表面等离激元聚焦理论的基础上，开发了复合纳米探针测量技术及仪器，开展了极限特征尺寸的高效高精度检测理论和方法研究。首先，通过开展超分辨聚焦机理研究，实现了远场超分辨聚焦；在此基础上，开展了接触—非接触多模式纳米测量方法研究，实现了<10nm 的特征尺度测量；开展了跨尺度大范围测量方法研究，实现了晶圆上极限特征结构的高效高精度测量。

(1) 提出了大长径比碳纳米管探针可控制备方法[127]：通过简单控制阈值电压制备碳纳米管探针，所制备的纳米探针的直径<10nm，长径比>70∶1，具有刚度和耐磨性好等优势[128,129]，并研制了复杂微纳结构可溯源测量装置，实现了<10nm 的纳米结构特征尺度测量。该方法简单易行，成品率高。

(2) 提出了超越衍射分辨率极限的纳米光学探针设计和制备方法：设计并在锥形探针上制备了纳米光栅，揭示了耦合激发等离激元的机理，实现了超衍射极限聚焦增强，具有无背景光影响，高信噪比和微弱信号探测能力。

(3) 提出了通过碳纳米管实现光学探针二次耦合聚焦的复合纳米测量方法：开展了锥形探针与碳纳米管之间的光场耦合和增强机理研究，通过在锥形探针上可控制备一

维纳米材料。自主开发的测量仪器集 OCD、SEM、AFM
和光谱仪的功能于一体，可以克服以上方法在芯片测量中
存在的瓶颈，并有望实现国产替代。所研制的大长径比碳
纳米管探针、纳米光学探针和纳米复合探针已经成功应用
于国家计量科学研究院等单位。

2.8　多家单位研制成功调频激光雷达扫描测量仪器

为解决我国高端制造业大尺寸非合作精密测量问题，
国内多家单位开展了相关技术研究。

2017 年，天津大学提出等光频重采样的调频连续波激
光绝对测距方法，研制了调频激光雷达扫描测量装置，实
现了 40m 范围合作目标(定向反射靶标)测量，25m 范围内
距离测量不确定度为：$31\mu m + 2\times10^{-6}L(k=2)$，其中 L 是指被
测量的尺度，测角不确定度为 $1''$[130]。2017 年，上海交通
大学利用外调制技术产生线性调频激光信号，结合合成孔
径激光雷达，对 1km 以外的物体进行成像，图像分辨率达
到 40mm[131]。2019 年，南京航空航天大学利用偏振复用双
平行马赫曾德尔调制器，构建了一种多功能调频激光雷达，
可同时测量目标的距离、速度和偏振特性[132]。2020 年，
中科院上海光机所研制了一种基于 MEMS 微振镜进行扫
描的调频激光雷达扫描仪，扫描仪以 40 帧/秒的速度实现
三维成像，测量精度为 23mm，可以满足特殊情况下对高
成像速度的要求[133]。调频激光雷达扫描测量技术涉及激光
线性调制、微弱信号高信噪比探测、高频测距信号高精度

解频算法、高精度扫描系统和系统误差补偿算法等多方面技术内容。

北京航天计量测试技术研究所着力开展调频激光干涉测距技术、精密伺服扫描技术和调频激光雷达系统误差补偿技术的研究，研制了我国首套调频激光雷达扫描仪，实现了非合作目标(不使用反射靶标)条件下，仪器测量范围达到 65m，全量程距离测量不确定度 $U=7\mu m+2\times10^{-6}L(k=2)$，三维空间坐标测量不确定度 $U=10\mu m+9\times10^{-6}L(k=2)$。北京航天计量测试技术研究所研制的调频激光雷达扫描仪已成功解决了大型机电装置装配定位测量等技术难题。

2.9　我国工业 CT 显著进步

我国在工业 CT 整机与配套原位加载系统的研制和产品开发已经取得了显著的进步，与国外在技术、产品和应用方面的差距在迅速缩短。以天津三英精密仪器股份有限公司为代表的国内高端工业 CT 设备公司已经开发出一系列具备外场环境的 CT 产品，如 nanoVoxel 产品系列，采用了 X 射线源和探测器静止，加载装置旋转的扫描模式，对 X 射线源和探测器的适用范围广，可采用 90kV～300kV 的微焦点 X 射线源，3072×3072 平板探测器，空间分辨率 0.5μm，时间分辨率为每旋转一圈的时间<8s。这些公司具有较强的系统集成能力和核心器件开发能力，开发了丰富的配套原位加载系统及其相应的应用软件，在材料学、岩石力学、生物医学及高端制造等领域成为一种新的测试方法。

油气地质的研究对象是处于高温高压地层环境下的岩

石，关注水、油、气等流体在岩石内部的渗流特性，以及岩石在压裂时内部裂纹的扩展行为，在原位加载系统中集成了温度、压力、渗流等功能，在工业 CT 中观察不同模拟地层条件下的变化，大大加强了对岩石损伤破坏过程和渗透性演化规律的认识。

结构材料的原位加载装置中，可以进行拉伸、压缩、扭转等力学实验，通过工业 CT 观察在各种载荷条件下材料的变化，反映材料在实际服役环境中的失效过程，对材料的结构设计和制备工艺的评估提供新的评价方法。

电子封装是将芯片上的接点用导线连接到封装外壳的引脚上，是沟通芯片内部世界与外部电路的桥梁，对于集成电路产品非常关键，如何在产品实际工作状态下发现封装问题和失效是推动封装工艺优化的重要支撑。通过设计"力—温度—电"三者耦合的原位装置，使芯片在通电工作状态下，改变外界的高低温条件，让芯片处于因不同受力导致变形的状态下，通过 CT 观察内部引脚、金线、焊点等结构变化，并监测芯片性能，全面直观研究电子封装的工艺质量。

随着我国高端制造的快速崛起，各类高端产品的结构密度和复杂度越来高，加工难度越来越大，提升产品制造的成品率成为关键，与之相对应的高端检测技术与设备受到越来越广泛的重视。在许多场合，2D X 射线已经无法满足生产检测的需求，3D X 射线 CT 成像检测技术开始被不断导入制造过程。锂电池广泛用于日常消费品、工业装备、国防军事等，我国锂电产业处于国际领先水平，锂电池产能居全球第一，占比达 50% 以上。锂电池具有较高的能量密度，其安全性备受关注，工业 CT 在无损检测锂电池内部缺陷、提高锂电池安全和质量方面发挥重要作用。近年来，我国的工业 CT 产品在锂电池行业作为实验室分析手段，取得了长足发展，以天津三英精密仪器股份有限公司为代表在锂电实验室已有大量装机，目前正在向生产线上对锂电池进行在线 CT 检测延伸，随着相应的硬件和软件性能提升，尤其是人工智能的引入，使得在线检测工业 CT 的实现成为可能。这将有助于进一步提升锂电池的安全性，具有广阔的市场应用前景。

2.10　我国持续推大量程纳米位移测量技术

近年来，我国持续推进大量程纳米位移测量技术及器件的研究。

在激光干涉测量方面，清华大学在国际上首先提出应力双折射双频激光产生的原理，并研制成应力双折射-塞曼双频激光器，突破了光刻机中广泛使用的双频激光干涉仪光源——传统塞曼双频激光器频差小(通常不大于 3MHz)、输出功率低(一般在 0.5mW 左右；当频差 7MHz 时，输出功率仅几十微瓦)的不足，其频差可达 40MHz 以上，输出功率 1mW，并且输出正交线偏振光，无须偏振转换，从原理上解决了激光光源偏振转换导致的非线性误差[77,134,135]。基于该激光器研制成双频激光干涉仪，测量速度可达 5m/s，实测非线性误差低至 0.15nm(受限于测试条件)，比国外同类产品提升一个数量级，突破了干涉仪精度严重受非线性影响的瓶颈。芯片生产商实测证明，该激光器使光刻机工件台定位误差从 21nm 减小到 6nm。已有多套该激光器应用于国外光刻机，并出口到德日韩等，在其他行业也实现了规模应用。

哈尔滨工业大学攻克了超高精度激光水冷稳频、深亚纳米皮米干涉镜组、高速位移深亚纳米分辨等关键技术，研制出新一代高速超精密干涉位移测量技术和仪器[77,78,136]。激光频率准确度为 $3.7×10^{-9}$，动态位移分辨力 77pm@ 5.37m/s，光学非线性误差 5pm 以下。其核心参数已达到或超过国际顶级商用仪器水平，并已通过国产光刻机研发单位的测试验收，正在进行小规模的试用。

浙江理工大学提出了相位调制差分激光单频干涉纳米位移测量原理与方法，引入电光相位正弦波和三角波混合调制，消除载波相位延迟和相位调制深度漂移引入的相位解调非线性误差[137-139]。研制的激光相调差动干涉仪在 0～230mm 范围内，测量不确定度为 $1nm+1×10^{-7}L$，在 0～40m 范围内，测量不确定度为 $1nm+2×10^{-7}L$，测量分辨率为 0.1nm，周期非线性误差为 0.1nm。研制的激光相调差动干涉仪，已被中国计量科学研究院采用作为国家"光栅、激光测微仪校准装置"的计量标准器(计量标准考核证书：[2020]国量标计证字第 373 号)。

重庆理工大学打破"利用空间测量空间"的传统位移测量思路，"利用时间测量空间"来提高位移测量精度，提出了纳米时栅测量新原理[85-87]。利用正交变化的电场构建一种等效空间域运动作为参考系，建立空间位移和时间基准之间的关系，形成了一套比较系统的纳米时栅测量理论；

采用正弦形状的"栅面"而不是传统细密的"栅线"来获取位移信号，发明了基于离散栅面空间正弦调制的绝对式位移传感新方法和正弦形栅面阵列传感参数设计准则，解决了结构优化、器件制造和信号处理智能化等关键技术问题。研制出直线位移传感器在 400mm 量程内，测量精度可达±96nm，分辨力 1nm；角位移传感器在整周 360°范围内，测量精度±0.06″，分辨率 0.01″。该项成果与中国通用技术集团合作成立了高科技公司进行转化，已在数控机床、航空航天、计量检测等领域得到批量应用，解决了高端精密装备的高精度位置检测难题。

在光频梳测距方面，清华大学针对双光梳测距特点优化设计双光梳激光器，提出了同步锁定和自适应补偿时域抖动的方法，解决了双光梳频域上纵模混叠的问题，在时域上将脉冲相对抖动减小了超 1 个数量级。以合成波为桥梁，将单纵模相位用于光频梳脉冲对准，将光频梳脉冲对准精度提高 2 个数量级，实现了光频梳脉冲对准的计量溯源[89-91]。基于上述方法和关键技术突破，集成了大范围、高测速、高分辨力、高精度的光频梳绝对距离测量仪器，测量范围 0.01～100mm，测量精度 0.05μm+0.1μm/m，分辨力 1nm，测量速度 1000pt/s。在空间相机和遥感卫星天线测量等国家重大工程中开展了重点示范应用，保障了重点型号任务顺利实施。

2.11　光纤传感技术在多场景投入应用

我国在光纤传感领域的技术实力和产品指标已经达到

国际先进或领先水平。光纤传感技术已经成为我国传感测量领域的重要分支，正在逐步应用于我国航空航天、海洋工程、船舶、轨道交通、石油化工、土木工程和医疗健康等重要行业，并且在人工智能、物联网、大数据、智慧城市等新兴产业的推动下不断渗透于新的应用领域，向多领域拓展。

近年来主要进展有：北京信息科技大学与中国空间技术研究院、长光卫星技术有限公司等单位合作，研制出多套星载光纤监测系统，并搭载试验九号、吉林一号视频03星和视频09星等型号卫星在轨应用，实现温度、应变、位移、振动、加速度等多种参数的在轨实时监测；经过三年多的星载飞行实测，验证了所研制的光纤传感器和微型轻量低功耗解调仪的空间环境适应性。航天九院13所研制的系列化光纤传感系统已用于油井测温、石油储罐监测、油气管线监测等领域。天津大学研制的分布式光纤振动传感系统已应用于高速铁路、桥梁和大坝等重大基础设施监测。电子科技大学研制的超远距离分布式光纤测量系统，最大传感距离已达到128km，空间分辨率为15m。航天五院513所在卫星上搭载光纤光栅传感系统进行了飞行试验，验证了利用光纤光栅监测卫星舱内、舱外温度和应变的技术可行性。武汉理工光科股份有限公司的长距离光纤光栅阵列探测报警系统，具有本质安全、无电检测、抗电磁干扰、实时监控等优势，在桥梁健康监测、公路隧道、轨道交通、石油石化、电力、国防等多个行业得到广泛应用。

2.12　我国突破大型精密回转装备装配测量仪器关键技术

　　我国在大型高端精密回转装备装配测量技术和仪器领域取得了显著进展。哈尔滨工业大学谭久彬院士团队在国家技术发明一等奖成果的基础上，突破基于多偏置误差源辨识和分离补偿的超精密测量方法、多级转静子误差累积传递机理、基于矢量投影定位误差和定向误差累积量极小化调控理论、大承载高刚度超精密回转运动基准等核心关键技术，研制了系列型号大型高端精密回转装备转子/静子机匣装配测量仪器，取得了系列进展。如图 2.6 所示为哈尔滨工业大学自主研制的大型高端精密回转装备前道工序装配测量仪器、多级转子矢量投影智能装配测量仪器、大型高端精密回转装备静子机匣装配测量仪器，并在大型高端精密回转装备生产线装备 50 余台套，打破了大型高端精密回转装备装配测量仪器领域的国外技术封锁。

图 2.6　哈尔滨工业大学研制的系列型号大型高端精密回转装备同轴度测量仪器

综上，我国在大型高端精密回转装备装配测量技术与仪器领域获得突破，研制了具有自主知识产权的系列型号大型高端精密回转装备超精密测量仪器，实现了精准装配，提高了精度与效率、降低了整机的振动噪声，提升了大型我国高端精密回转装备性能和寿命，对我国高端装备制造产业的提档升级具有重大意义。目前，哈尔滨工业大学正在突破大型高端精密回转装备测量核心关键技术，研制大型高端精密回转装备装配超精密测量仪器，既能保证自主知识产权大型高端精密回转装备量值准确，又能实现国内外不同测量原理的大型高端精密回转仪器的量值统一。

2.13　针尖增强拉曼光谱技术厚积薄发

相较于国外而言，虽然 TERS 技术在中国的起步较迟，但是国内研究工作所展示出的强大的高分辨化学表征能力极大地推动了该领域的发展，并且呈现出后来居上的趋势。2004 年，厦门大学任斌和田中群团队研制出国内首套基于光纤的 TERS 仪器[140,141]。在此之后，武汉大学徐红星团队也研发了高真空 TERS 系统，并实现了双分子聚合的等离激元催化反应[140]。作为高分辨 TERS 技术的开拓者之一，中国科学技术大学的董振超研究小组(以下简称董研究组)在超高分辨单分子拉曼光谱成像领域，近年来做出了一系列极具开创性的代表性工作。2013 年，董研究组利用研制的与光学系统联用的低温超高真空扫描隧道显微镜(STM)系统，通过调控等离激元纳腔的增强与限域特性，在世界上首次实现了亚纳米分辨的单分子拉曼成像[99]。这一结果颠覆了人们对于光场限域性的认知，激发了人们探索高分辨成像机理的热潮。2019 年，他们又将 STM-TERS 系统的工作温度从液氮(80K)升级到更低的液氦温度(6K)，使得可以更精确地调控等离激元纳腔的精细结构，在针尖尖端形成稳定的原子级银团簇结构，进一步将光场局域空间分布制约到原子尺度，成功实现了 1.5Å 的单个化学键的分辨力，并提出了一种解析分子化学结构的新方法学——扫描拉曼埃分辨显微术[102]。2021 年，董研究组所在的单分子科学团队又发展出 STM-AFM-TERS 的联用技术，从电子态，分子骨架以及拉曼模式三重成像方式探究分子结构的异质性[142]。因此，下面将以董研究组的相关仪器研制为例，从光子收集模式、光学以及光路优化、光学测量以及超高真空与低温系统四个方面，重点介绍他们在高分辨 TERS 光谱成像方面的技术发展情况。

在光子收集模式方面，采用透镜收集模式。由于隧道结中单个分子的拉曼信号极其微弱，因此合理的光子收集模式对于获得高信噪比的光谱至关重要。国际上普遍应用的是光纤收集，抛面镜收集以及透镜收集。光纤收集需要将光纤逼近隧道结以获得更大的收集角。除了光路对准的困难，还需要时刻避免光纤与样品或针尖碰撞，因此整体收集效率不佳。尽管近场光纤探针可以解决对准问题获得更有效的光子收集，但是光纤探针的质量和腔内和腔外的光子传输依然存在很大挑战。对于抛面镜收集方式，虽然它能获得更大的光子收集角以及消除色差，但是超高真空腔中的抛面镜设计与装配以及后续光路对准依然有较大困难。而透镜收集模式不仅拥有合适的收集角大小，而且光路对准比较容易，因此在超高真空腔内适合采用透镜收集模式。

在光学以及光路改善方面，注重优化光子的收集效率以及光路的聚焦与准直。通过软件模拟优化，董研究组的真空腔内采用的是平凸非球面透镜，可以有效减小离轴球差以及光斑尺寸，其有效内径为 13mm，后焦距为 12.4mm，半球收集效率高达 11.4%。考虑到隧道结中的光子发射沿着样品法线方向偏 60°最大，因此收集透镜的光轴将也被优化成此方向。此外，光路的精确对准也会显著影响光子的收集效率。实验中，采用微米级精度的压电陶瓷装置驱动真空腔内的透镜进行三维方向调节，达到精准的光路调节效果。再加上 CCD 实时监控光路中的成像光斑聚焦情况，将进一步有助于收集光路的优化调整。另外，考虑到光谱收集范围以及光子透过率，实验中所用到的光学透镜以及窗口均为石英玻璃材质。

在光学测量方面，可以实现高分辨的光谱成像与光子强度成像。外透镜收集到的隧道结光子可以通过光纤进入光谱仪中，通过选择合适刻线的光栅，便可以得到能量分辨的光子强度分布。进一步地，还可以将光谱仪与扫描隧道显微镜的控制器关联同步，即针尖每移动一个像素点位置，STM 控制器都会发送一个脉冲信号给光谱仪，然后触发光谱仪采集光谱，这样每一个像素点的光谱都会被有序的存储起来。通过数据处理便可以得到感兴趣的拉曼峰峰强、峰位和峰宽的空间分布信息。不过，这样的光谱成像方式为了保障合适的信噪比，往往需要花费较长的时间(比如，几十分钟)。因此，为了提高成像速度，还可以通过选用窄带滤光片，将特定振动模式的拉曼光子通过自由空间直接耦合到单光子探测器中，这样光子强度信息可以直接被同步记录到针尖扫描的每一个像素点上，可以快速得到光子强度的空间分布信息。

超高真空与低温系统确保隧道结和单分子的稳定性以及信号测量的可重复性。一方面，超高真空环境可以保持测量样品的洁净，避免分子受到大气环境的污染以及光漂白的影响。另一方面，超高真空环境也有助于系统扫描的稳定性以及减小低温下的杂志吸附。对于低温环境而言，它不但可以提高表面单分子的稳定性，也能保证针尖尖端的原子级突起结构的稳定性，使得测量信号稳定重复。低温系统也大大减小了系统的热飘移，提高了光谱成像过程中的稳定性，使得针尖可以更加逼近分子，有利于空间分辨率的提高。此外，低温环境下分子光谱的展宽也会变窄，将有助于谱峰的识别与分析。

2.14　我国扫描电镜技术起步晚底子薄

我国扫描电子显微镜的研究工作起步较晚，基础薄弱。1975 年，中国第一台扫描电子显微镜 DX-3 由中国科学院科学仪器厂(现北京中科科仪股份有限公司，以下简称中科科仪)研发完成，并不断发展。20 世纪 80 年代初，中科科仪通过引进美国 AMRAY 公司技术，不断地消化和学习，在大型钨灯丝扫描电镜上逐步接近了国际先进水平，达到 3nm@30kV，近几年国仪量子的国产仪器厂商也加入到相关产品的市场竞争中；但是在中高端场发射扫描电镜(Field

Emission Scanning Electron Microscope、FE-SEM)方面，长期以来一直属于空白。2014 年，我国第一台场发射扫描电镜由中科科仪研发完成，性能达到入门级进口场发射电镜的水平，其低压分辨力为 3nm@1kV。2022 年中期，由钢研纳克控股的子公司纳克微束(北京)有限公司，经过多年技术积累，推出分辨力进入亚纳米水平的高分辨力场发射扫描电镜，指标为 1.3nm@1kV，0.8nm@30kV。相关技术参数对比如表 2.1 所示。

表 2.1　国际电镜级别分类标准

扫描电镜细分类别	英文名称	低压分辨力(@1kV)	高压分辨力(@15kV)	国外能力	国内现状
台式桌面扫描电镜(钨灯丝)	Desktop-SEM	>20nm	~10nm	√	√
传统钨灯丝扫描电镜	Tungsten SEM	>10nm	3nm	√	√
入门级场发射扫描电镜	Entry-level FE-SEM	>2nm	1nm~1.2nm	√	√
高分辨场发射扫描电镜	High Resolution FE-SEM	1.5nm~2nm	0.9nm~1nm	√	×
超高分场发射扫描电镜	Extra-high Resolution FE-SEM	1nm~1.4nm	0.7nm~0.8nm	√	×
极高分场发射扫描电镜	Xtreme-high Resolution FE-SEM	<1nm	<0.7nm	√	×

　　注：对标国内外发展水平，"√"表示具备或达标。

　　我国扫描电镜发展起步较晚，近几年随着国内产业链的整体提升，发展速度开始快速提升，目前除超高分辨力场发射到极高分场发射扫描电镜这段高端电镜技术领域外，基本具备了中低端电镜的设计和制造能力。需要在更高分辨力领域继续追赶。但总体而言，我国由于缺乏相关人才储备，国内高校中电子光学专业也基本上停止了相关人才培养，加之电镜相关配套产业较落后，长期以来制约了我国扫描电子显微镜产业整体的发展，中高端机型依然严重依赖进口。

第 3 章　我国未来展望

3.1　三维共焦显微测量技术拓展微观世界探索的边界

显微仪器所能达到的极限分辨能力，代表人类在微观世界进行科学探索的边界。共焦显微技术历经数十年的发展，依然活跃在仪器科学领域前沿并深受用户欢迎，很大程度上得益于这种方法具有样品适用性强的优点。样品的多样性决定了显微仪器原理的多样性，同时也是分辨力提升的关键约束条件。

随着现代超精细制造技术快速发展，样品特征结构的尺寸加速逼近分子原子尺度，与此同时表面/亚表面缺陷对性能的影响日益突出，超精密微制造质量控制的维度不断拓展，三维显微测量的研究重点除了特征关键尺寸几何参数表征之外，也越来越关注表面/亚表面缺陷的三维物性表征[143]。未来，共焦显微技术发展将更为关注聚焦光束与物质作用关系的研究，例如多物理场耦合研究以及基于深度学习的自校准方法研究[144]等均有可能为新一代三维共焦显微技术与仪器发展带来重大突破。

3.2　光钟是高性能原子钟的未来方向

　　未来，光钟的性能提升仍然是重点研究方向。国际秒定义变革设定了多个在变更之前必须完成的里程碑式的节点，其中之一就是光钟本身的不确定度要达到 2E-18。目前我国研究光钟的单位很多，不确定度水平还局限在 E-17 甚至 E-16 的水平，未来需要在不确定度指标方面进一步提升，才能满足秒定义变更的要求。我国在时间频率前沿研究方面还需要继续投入力量，推动时间频率研究突破关键技术，保证未来秒定义变革中的话语权。

　　此外，要开展光钟之间的频率比对来验证光钟性能。光钟之间的频率比对对于验证光钟的不确定度评估的可靠性有着非常重要的作用，包括同种光钟之间和不同种光钟之间的比对。光钟频率比对达到 E-18 量级是秒定义变革前的重要里程碑节点，也是目前秒定义变革之前国际时间频率领域研究薄弱的方面，我国可以在这个方向做出贡献。

　　其次，开展光钟的应用研究，要加快光钟参与国际原子时合作的步伐。光钟研制完成后，为了发挥其高准确度和高稳定度的优势，最直接的应用就是向国际原子时合作报送数据，参与驾驭 TAI。目前国际上已经有多个实验室开始向 TAI 报送数据。规律性和经常性地向国际原子时合作报送数据同样也是秒定义变革的里程碑式的要求。

　　未来，我国星载原子钟方面，在优化提升传统星载铷钟、氢钟性能指标的同时，布局星载汞离子微波钟、积分球冷原子钟的研制，有助于全面提升我国星载原子钟的技术能力。探索星载光钟技术，为未来星载钟体系、时频体系从微波频段向光频段转变积累关键技术。

我国在传统星载铷钟和星载氢钟方面的技术能力、产品指标均达到了国际先进水平，已广泛应用于北斗卫星导航系统及其他空间应用系统。其中星载氢钟下一代发展重点主要集中于优化提升技术指标，并同时降低重量功耗。

对于星载应用，技术成熟度和在轨长期工作的稳定性、可靠性和长寿命是需要考虑的首要因素。星载铷钟和星载氢钟性能指标仍有进一步提升的潜力，在下一代卫星导航系统中仍将是必选产品。伴随激光抽运、激光冷却、射频及光场囚禁、数字伺服、低噪声高稳频率合成等新技术、新方法的运用，新型星载钟凭借其优势将逐渐登上舞台。

新型星载钟的核心技术为离子囚禁、激光冷却和离子操控等，有助于降低原子钟热噪声从而提高其物理极限，可比传统星载钟提高一个甚至几个数量级。我国下一代卫星导航星载原子钟可采用传统星载铷钟和星载氢钟以及新型星载汞离子微波钟和积分球冷原子钟组合的方案，后续逐步增加新型星载微波钟的比重。在此同时，积极开展星载光钟的研制，未来可采用新型星载微波钟和星载光钟的配置，以得到更高的定位精度。这个发展思路在其他星载应用中亦然。

3.3　建立新冠病毒中和抗体检测标准

目前新冠疫苗已实现大规模接种，新冠病毒抗体检测可以在检测中和抗体水平与评价群体免疫监测方面发挥重要作用。为高效开展疫苗接种后群体免疫监测、新冠病毒中和抗体检测标准化方法建立，促进疫苗科学接种遏制新冠疫情，我国未来发展可归纳为以下几个方面。

(1) 关键原材料性能提升：新冠病毒抗体的检测主要通过免疫学方法实现，具有特异高效识别捕获功能的蛋白质是免疫检测方法中的关键原材料，随着多种变异株的出现，导致易出现检不出、检不准的情况。因此，针对不同新冠病毒突变株，筛选和制备高亲和力、高稳定性且具备广谱性识别捕获各种新冠病毒突变株的功能性蛋白质，提升新冠病毒抗体检测技术中关键原材料性能是今后的重要发展方向。

(2) 新冠病毒抗体检测能力国际互认：目前新冠病毒抗体测量结果的一致性、溯源性和全球互认严重不足，测量方法和试剂的灵敏度不够高、准确性不强，难以满足全球精准抗疫需求，今后需研究建立新冠病毒抗体的参考测量方法，研制量值准确、可溯源的相关标准物质，提高检测结果的准确性与可靠性，开展国际比对，取得新冠病毒抗体检测结果的国际互认与等效，构建新冠病毒抗体检测"校正体系"，提升新冠病毒群体免疫监测能力。

(3) 新冠病毒中和抗体体外检测标准方法建立：新冠病毒中和抗体检测是新冠病毒疫苗研发和临床评价过程中重要的指标之一，它的"金标准"是感染抑制试验，但是该实验需要活病毒和高等级生物安全实验室才能进行，严重限制了疫苗效果评价的效率。因此，随着新冠病毒疫苗的大规模接种，探索中和抗体水平与免疫保护效力之间的关系，确定免疫保护阈值(cut-off 值)，同时建立中和抗体的标准试验方法也是今后的发展方向。

3.4 进一步提升真空测试计量技术水平

1. 磁悬浮转子真空计技术

磁悬浮转子真空计技术的未来发展可归纳为以下几方面。

(1) 残余阻尼抑制技术：采用分子动力学方法模拟稀薄气体条件下转子的衰减过程，从理论上分析高速旋转转子与符合麦克斯韦分布气体分子的弹性碰撞过程，及其导致的角速度衰减机理，重点探索提高涡流效应、弛豫效应、Coriolis 效应抑制能力的新方法，拓展测量下限，减小测量不确定度。

(2) 转子高质量悬浮技术：转速衰减率检测精度主要受到悬浮质量的影响。探索抗磁悬浮、超导悬浮、光压悬浮等技术的工程实现，提高悬浮质量，减小转子抖动及温度波动引入的测量不确定度。

(3) 基于光学方法的转子转速测量技术：现有磁悬浮转子真空计采用基于旋转磁矩分量检测原理的转速检测方法是导致测量数据分散的主要原因，采用基于光电传感器及视觉几何方法的来测量转子转速测量并进行数据处理算法研究，可提高转速检测的准确度。

2. MEMS 绝压式电容薄膜真空计

未来要进一步提升我国 MEMS 绝压式电容薄膜真空计的发展水平，首先，需要提高产业规模，对于 MEMS 器件，前期研发成本、基础建设成本都会均摊到每个产品上，因此产量越大，成本越低，收益越高，越有动力加大研究投入；其次，要加大应用基础研究力度，集中力量突破微小腔体真空度测量技术、微小抽速和吸气量测量技术、键合面和单晶硅渗透率等关键技术问题，紧密围绕微尺寸、低功耗、轻量化、便携型真空压力传感仪器的应用需求，跟踪发展 MEMS 绝压式电容薄膜真空计的新工艺、新技术和新原理，持续提升性能指标。

3.5　突破毫米波太赫兹仪器的关键"瓶颈"

随着 6G 移动通信、高速数字通信、宽带光纤通信、激光相控阵雷达、第三代半导体功率芯片等相关技术领域的不断创新发展，微波毫米波与太赫兹矢量网络分析技术面临更大的挑战，必须突破传统思维方式的束缚，创新发展思路，突破关键"瓶颈"技术，开发新的产品，才能满足不断发展的科技创新需求。

(1) 宽带同轴矢量网络分析技术进一步拓展频段到 325GHz，接近传统精密加工制作的极限。目前采用 1mm 同轴连接器的 110GHz 矢量网络分析仪已产品化，未来采用 0.8mm 同轴连接器、0.6mm 同轴连接器和 0.4mm 同轴连接器的矢量网络分析仪测量频率将分别达到 150GHz、220GHz 和 325GHz。随着测量频率不断提高，同轴连接器横截面尺寸不断减小，已达到传统精密机械加工的极限。以 0.4mm 同轴连接器为例，外导体内直径 0.4mm，内导体外直径只有 0.174mm，加工制作难度非常大。

(2) 太赫兹矢量网络分析技术进一步提高测量频率到 3.3THz，接近传统精密加工制作的极限。目前太赫兹矢量网络分析仪成熟产品达到 1.1THz，未来重点发展测量频率 1.1THz～1.7THz、1.4THz～2.2THz、1.7THz～2.6THz 和 2.2THz～3.3THz 矢量网络分析仪。随着测量频率不断提升，矩形金属波导横截面尺寸不断减小，已达到传统精密加工的极限。以 2.2THz～3.3THz 矩形金属波导为例，波导横截面尺寸为 86μm×43μm，传统加工工艺难以实现，微机械加工工艺有望发挥重要作用。

(3) 光电集成技术引入矢量网络分析仪，助力矢量网络分析仪拓展到光纤和空间光路的幅度和相位参数测量。随着更高频率太赫兹系统、高速光纤通信网络和激光相控阵雷达等光电装备不断发展，矢量网络分析技术即将进入光电发展时期。基于光子学的太赫兹矢量网络分析仪有望弥补电子学技术的不足，测量频率有可能覆盖 0.1THz～10THz。通过宽带高速激光调制器和光电探测器，宽带微波矢量网络分析仪可以获得光电器件、电光器件和光光器件的幅度和相位参数，测量带宽有望由 67GHz 提高到 110GHz。基于空间光的激光相控阵雷达技术发展，急需配套的光路矢量网络分析仪。

太赫兹计量技术的未来发展可归纳为以下几方面。

(1) 太赫兹功率、S 参数、衰减、噪声、脉冲、场强等无线电基本参数和太赫兹频率、相位噪声等时频基本参数的计量校准能力，已经基本全部实现零的突破，未来主要是提高工作频率，提高测量准确度，细化测量不确定度评估，以自主研发计量级测量仪器和校准装置为主，全面提升我国太赫兹计量校准能力。

(2) 太赫兹光电器件，例如 PIN 光电二极管、单行载流子光电探测器、光电导收发天线等，都是太赫兹系统和仪器设备中的关键核心器件，其量值的重要性不言而喻，亟须开展相关计量技术研究，尽快形成计量校准能力。

(3) 太赫兹空间辐射参数的计量校准能力相对比较落后，只有一些粗浅的探索，参数覆盖不全，测量准确度低，未来将是重要发展方向之一。

(4) 太赫兹综合仪器设备和太赫兹应用系统校准能力不足，例如太赫兹信号源、太赫兹光谱仪、太赫兹信道测量仪、太赫兹通信系统、太赫兹成像系统等被广泛研究和应用，未来需尽快形成完善的产品计量保证体系，促进太赫兹应用技术的发展和太赫兹产品的质量保证。而且太赫兹探测器已经向阵列化、量子化方向快速发展，相应计量能力远远落后于其自身的发展，未来将是重要发展方向之一。

3.6 高性能视觉检测成套装备走向规模化应用

随着航空、航天、轨交等大型复杂整机产品性能不断提升，产品外形的精度控制要求日益提高。由于采用"分段建造—整体组装"模式，大型复杂整机产品制造过程均建立在组件/部件的精确位姿信息基础上，必须实时获取制造装配过程的精确位姿信息，控制精确高效的装配对接过程。同时，航空航天类产品大都具有大尺度复杂曲面外形设计，相对于刚体结构件的对接精度，大型曲面装配因为需要精确匹配更为精细的曲面局部特征和整体特征，对测量综合要求更高，除精度、效率等常规指标外，更关注实时动态性、数据完备性、自动化集成能力等新功能需求。目前常用的激光跟踪仪、三坐标测量机等常规单点、离散坐标测量方法受限于成本、效率和工作模式，已难以满足上述领域日益增长的测量需求。以汽车制造领域为示范标杆，我国视觉检测技术正在快速进入航空、航天、轨交等大型领域，相信在不远的将来就可看到成熟规模化应用。

同时，面向未来制造工具密切协同、数字(设计)系统与物理(产品)实体精确映射的新型智能制造生产模式，测量需求表现出全局、并发、多源、动态、可重构、共融等全新特点。视觉检测具有可与制造装备无缝嵌入集成的独特优势，将与现有制造体系进一步深度融合，为大规模、多层次、实时持续的物理空间数据获取提供测量支持。此外，随着增强现实、虚拟现实、云服务，以及人工智能等技术的发展与成熟，未来视觉检测获取的信息将与人工实现多方面、多维度的互动反馈，检测将以多种形式与用户实现交互。而且，随着视觉检测系统在制造现场的广泛应用，测量数据将比以往任何时期更加丰富，测量数据与制造工艺进行关联及深度发掘分析，可形成改进制造工艺的指导性意见，将实质推动工艺技术进一步发展，使机器视觉真正成为引导更高、更快、更稳定的自动化工业时代的"慧眼"。

3.7　高性能纳米探针实现大批量可控制备

1. 大长径比纳米探针的大批量可控制备方法

随着碳纳米管探针的应用日益广泛，碳纳米管探针的用量大增，大批量低成本制备碳纳米管探针是未来必须突破的技术难点。有必要通过改进制作工艺，确定一种更简单、更容易实现的方法制备性能可靠的碳纳米管探针。化学气相沉积方法(CVD)具有可批量生产的潜力，可以通过调整催化剂的属性和生长条件来控制碳纳米管针尖的生长长度和直径，由于 CVD 方法制备的碳纳米管是直接生长在硅针尖上，连接强度高，碳纳米管针尖不易脱落。但是CVD方法比较复杂，目前用此方法制备单壁碳纳米管探针成功率低，主要因为无法通过控制生长条件和合成时间等精确控制碳纳米管探针的长度和直径等关键参数，且生长法的可重复性仍有待于进一步提高。

2. 探针长径比与力学性能的相互影响规律

碳纳米管探针通过激光检测硅探针的微悬臂，从而间接反映碳纳米管的变化。由于碳纳米管探针和普通硅探针在探针的材料物性以及探针的外形尺寸方面均存在差别，导致两种探针在工作时探针与样品间的微观作用力不同。对于原子力显微镜轻敲模式而言，难点在于如何确定探针与样品间的微观作用力，如何更方便、更直观的对比研究碳纳米管探针和普通硅探针在工作时与样品间微观作用力的差别。由此可见，建立关于碳纳米管探针完善的技术指标和评价体系对纳米管探针的应用具有重要指导意义。碳纳米管探针中碳纳米管与普通探针间的结合强度对其稳定工作至关重要，而关于碳纳米管探针的结合强度的测量方法研究到目前为止仍未见相关报道。

3. 突破光学衍射分辨率极限的测量方法

为了突破光学衍射分辨率极限的瓶颈，近年来出现了基于表面等离极化激元纳米聚焦原理的等离激元探针。通过激发表面等离激元，使其沿锥形探针或波导结构实现纳米聚焦，最终在针尖附近形成纳米尺寸的极强光场，并利用光栅或波导激发表面等离激元进而实现纳米聚焦，消除背景光。但是，对于表面等离激元沿锥形探针空间传播的干涉增强和聚焦后电磁场分布尚未进行系统深入研究，而且对于探针增强特性和空间分辨率的验证以拉曼光谱(物质成分)为主，该类探针在测量和加工领域应用较少，等离激元探针的理论、设计和应用研究还有待深入。

3.8　调频激光雷达测量性能进一步提升

调频激光雷达扫描测量技术的未来发展可归纳为以下几方面。

(1) 调频激光雷达的测量精度和测量范围进一步提升

随着工业的发展，被测对象的尺寸越来越大，大型装备研制生产过程中迫切需要测量精度高和测量范围大的激光雷达扫描仪。作为调频激光雷达扫描仪的核心技术，调频激光测距技术的测量精度和测量范围直接影响仪器的整体测量精度和测量范围。随着激光技术的发展，激光器和光电探测器的性能不断提高，激光调制方法、信号解算方法更加完善，调频激光雷达扫描测量技术将向着测量精度更高、测量范围更大的方向发展。

(2) 调频激光雷达朝着小型化发展，应用场景越来越丰富

随着智能制造技术的不断发展，工业生产朝着自动化、无人化的方向迈进，工业机器人、自动引导运输车(AGV)越来越普遍地出现在生产现场。为适应不同的测量需求和应用场景，仪器将朝着小型化、轻量化的方向发展，实现与 AGV 移动平台、升降平台、机械臂等运动机构相结合，在先进制造领域发挥越来越大的作用。

(3) 与人工智能技术深度融合

人工智能技术的快速发展为工业生产带来了新的活力，在测量中融合人工智能技术将大大提高工作效率，降低操作人员的工作强度。调频激光扫描测量技术将与人工智能技术深度融合，实现针对大型复杂构件的测量路径智能规划、测量数据智能处理等测量过程的智能化；基于设计模型，实现被测特征智能提取、几何误差智能计算，实现测量结果计算的智能化。

3.9　工业 CT 向多物理场"原位"测量发展

工业 CT 技术的未来发展可以归纳为以下几个方面。

(1) 多物理场"原位"测量的发展，推动研制各种多

场耦合 CT 系统：随着"原位"研究在多个研究领域的发展，产生适合不同样品类型和外场环境的测试需求，如何让 CT 成像系统与原位加载装置的匹配更优化，进一步缩短 CT 扫描时间、提高 CT 成像分辨率，实现力、热、光、电、磁等多种环境场的耦合，以及 CT 数据对比分析的软件算法，将会成为今后在多场耦合 CT 中的重点发展方向。

(2) 多物理场"原位"测量能力，将推动 CT 检测在锂电池产业的应用。在推进能源转型，实现"双碳"目标的背景下，我国的锂电池产业具有强大的增长潜力，为了进一步提高锂电池的安全和质量要求，将对在线检测的专用工业 CT 产生强劲需求，进而牵引国内的工业 CT 整机和关键部件的研究和生产，是国产技术发展的良好机遇。

(3) 多物理场"原位"测量能力，依赖与人工智能技术的深度融合，人工智能技术用于 CT 重建图像质量的改善和 CT 图像特征的自动识别：图像重建是 CT 的主要创新点之一，由于 CT 成像物理过程的复杂性，CT 系统要应对各种图像重建伪影对最终图像质量的影响。人工智能技术因其改善 CT 图像重建的潜力而备受关注，在低剂量 CT 和稀疏采样 CT 中已体现出比传统重建算法更优的图像结果，有助于降低 CT 扫描剂量和缩短重建时间；同时，由高密度金属物质所带来的金属伪影也可以通过人工智能方法进行消除。CT 图像特征的自动提取对于样品测试图像的批量化分析具有极大的意义，基于深度学习的人工智能算法擅长从图像数据中自动发现复杂的特征以进行对象检测和分割，可以加快 CT 技术在高通量样品扫描和分析中的应用。

3.10　大量程位移测量精度将进入皮米尺度

面向光刻设备、精密数控机床、精密航空装备、超精密深空探测等应用场景的测量需求，大量程纳米位移测量的未来发展可归纳为以下几个方面。

(1) 测量精度进入皮米尺度

当前主流光刻机中平面反射镜面型测量精度优于1nm，下一代面型检测重复精度将达到10pm，光刻机集成和长期在役工作中超精密运动部件的测量精度正从1nm量级突破至0.1nm量级；同时，硅片光刻过程特征线宽测量精度也进入原子尺度；空间引力波探测装备中镜片面型检测精度达到0.1nm，相对位移测量精度达10pm。面向高端装备核心零部件制造的皮米级超精密测量已成为下一阶段发展必然要求和重点攻关方向。

(2) 从静态/准静态测量向高速高效动态测量发展

超精密机床、光刻机等加工装备中，超精密运动目标的速度从0.1m/s量级逐步提升到3m/s以上；引力波探测中超精密位移测量对象，也将从地面的静止目标转变为4m/s的准动态目标。随着上述应用对象的发展，相应的大量程纳米位移测量技术和仪器也需要向高速高效动态测量方向发展。

(3) 从一维单参量离线测量转向多维复杂参量在线、在役测量

光刻机、超精数控机床等先进装备多参量耦合、多轴

运动加工的工作特性对传统机床基于单维多步测量的定期校准方式提出巨大挑战，迫切需要嵌入可直接溯源的 7-22 轴纳米位移测量仪器进行在线在役测量。

(4) 从基于传统物理量/场到基于量子传感的超精密测量

纳米级精度位移测量的量级已小于长度基准——激光波长，如何实现误差溯源是未来亟须解决的问题。面向严苛测量需求，要求创新传感媒介、创新测量方式，由传统物理量/场精密测量向基于量子传感的超精密测量方向发展。

3.11　光纤传感产业将持续发展

未来，重点提升光纤传感器精度，结合智能微系统技术，发展高速大容量、高精度智能化的光纤传感网络技术，组建微型化、轻量化、低功耗的大规模光纤传感监测网络系统。特别是在特种光纤拉制、敏感元件制作技术、高端传感器封装技术以及极端环境下稳定性、可靠性等方面有待提升。

根据最新的统计数据分析报告，我国光纤传感器与系统的产业规模将高速增长，预测 2022 年产业规模将超过 5 亿元，并在 2022 年至 2025 年达到 7%的年复合增长率。虽然未来我国光纤传感器与系统市场增速十分可观，但是在光纤传感应用所需的核心器件和系统研发上仍与国外有较大差距。国外从事光纤传感技术产品研发销售的企业较多其规模较大,代表性的企业有 Fotech Solutions、AP Sensing、斯伦贝谢等；国内在光纤传感领域的企业规模都比较小，大多数企业处于起步阶段，市场规模较小，要想在快速增长的市场中占据先机和优势，仍然难度很大。后续需要研发适用于各种复杂环境下具备多参数测量、信息智能处理、高空间分辨率和远距离测量能力的光纤传感系统，拓展技术产品的应用行业领域。

3.12　大型精密回转装备装配测量理论与技术进一步发展

大型高端精密回转装备装配测量技术与仪器工程的未来发展可归纳为以下几方面。

(1) 基于多偏置误差源辨识和分离补偿的超精密方法：基于多偏置误差源辨识和分离补偿的超精密测量方法是实现大型高端精密回转装备同轴度测量的原理内涵。

(2) 大承载、高刚度、超精密回转运动基准技术：基于轴径双向动静压复合的高刚度、高回转精度回转基准技术是实现大型高端精密回转装备同轴度超精密测量的核心技术。

(3) 超精密计量方法和标准器技术：基于超精密标准器的计量技术是实现大型高端精密回转装备超精密测量的重要技术手段。

3.13　针尖增强拉曼光谱技术向时域和全局测量发展

针尖增强拉曼光谱技术是原子力显微镜的重要应用方

向，未来发展可归纳为以下几方面。

(1) 高时间分辨力的 TERS 技术：化学反应中的超快动力学过程往往发生在皮秒甚至飞秒尺度。TERS 技术的优势在于超高的空间分辨，然而缺乏足够的时间分辨。为了实现 TERS 的时间分辨，可以将 TERS 技术与脉冲激光泵浦-探测技术相结合，发展时间分辨的 TERS 技术。通过调节泵浦光与探测光的时间延迟，记录拉曼强度的时域变化，从而了解激发态寿命相关的信息。然而，将超快脉冲激光引入隧道结依然存在非常大的挑战，脉冲激光所带来的热效应也会对隧道结以及分子的稳定性产生影响。

(2) 基于 Q-plus AFM 的原位 TERS 技术：虽然 TERS 技术的分辨率已达到单个化学键的分辨率与灵敏度，但是有些振动模式在空间上不是局域的，因此还不能对分子的所有官能团(比如电子共轭基团)进行单个化学键级别的成像，更不能对整个分子结构进行全局光学骨架成像。因此，如何进一步拓展 TERS 技术使之成为一种更加普适的化学键成像技术，也是一个值得探索的新方向。Q-plus AFM 技术[145]和 itProbe 技术[146]都可以对单分子进行骨架成像，它们都是利用针尖上的 CO 分子作为探针分子，通过探针分子与目标成像分子相互作用获得分子骨架信息。不同的是，Q-plus AFM 技术成像单分子是利用 CO 分子与目标分子之间的泡利排斥力进行高分辨成像。而 itProbe 技术则是利用 CO 分子的低频水平振动的电信号进行高分辨成像。近期，美国 Apkarian 研究小组同样利用针尖上 CO 分子作为探针分子，利用伸缩振动的 TERS 信号来局域探测表面分子的静电场分布，分辨率达到亚分子级别[147]。虽然没能获得骨架分辨的单分子成像，但是该成果依然对下一步的研究具有深刻的启发意义。此外，基于 Q-plus AFM 的原位 TERS 技术可以摆脱金属衬底的束缚，将研究范围拓展到绝缘样品表面，可以大大拓展 TERS 技术的研究范围。

3.14　新型扫描电镜领域力争突破

扫描电子显微镜技术及其研发是一个相当复杂的技术群，由于其科学仪器的行业特点，服务于科学研究，使得其发展紧跟科学前沿或某种程度上需要突破现有科研手段，甚至应用新的物理机制，对国家整体多学科、跨学科综合能力有很强的要求。设计中需要涉及基础电磁物理学、电子光学、真空物理、材料学、热力学、微电子学、力学、物理光学等学科知识。纵观我国该领域发展现状和市场为主的需求导向，在新型扫描电镜领域，力争有所突破。

(1) 超高分辨/极高分辨扫描电镜技术：分辨力是决定电镜级别的重要评判依据，新型电磁复合物镜的设计技术应用后，有望在分辨能力上获得进一步提升。

(2) 聚焦离子束(Focus Ion Beam，FIB)技术：FIB 技术对于扫描电镜和透射电镜(TEM)的应用开始发挥越来越大的作用，可以实现表层以下的扫描电镜观测，同时可以为透射电镜的样品制备提供强大的工具，如果结合气体注入系统(GIS)，还可以实现微纳结构的材料表面生长与注入。FIB 在今后的电镜发展中扮演着越来越重要的角色。

(3) 冷冻扫描电镜(Cryo-SEM)技术：随着 2017 年冷冻电镜技术获得诺贝尔化学奖以来，该技术便突破了诸多传统电镜观测的禁区。除了在生命科学领域外，近年来药物研究、材料科学、冶金矿业、石油开采、工业添加剂等领域发展同样需要冷冻扫描电镜技术，为其提供原位观测和极限条件下的测试。

(4) 飞秒超快电镜技术：近年来，随着表面物理的快速发展，尤其是半导体材料制备的需要，具备时间分辨力的超快电镜技术应运而生，为人们揭示物理现象本质和化学反应动态过程提供有力的武器，如图 3.1 所示。我国在此领域布局较早，清华大学、上海交通大学、重庆大学和中科院物理研究所等研究机构都在此领域有深入的研究，技术储备较好、人才引进较多，有望在未来几年内获得突破。

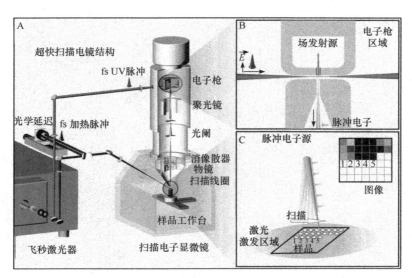

图 3.1　飞秒超快扫描电镜的工作原理

(5) 高通量电镜技术：20 世纪 90 年代半导体产业发展中应运而生的一类独特的电镜技术，主要应用于芯片工艺研究与改进。而随着脑科学神经连接组学、材料基因组高通量表征、航空特种材料制备等实际科研及工程项目对超大体量图像数据采集以及图像运算的需求不断涌现，高通量电镜技术逐渐被应用到更加广泛的领域中。人工智能算法技术的提升，使以前困扰人们的海量数据处理成为可能，使以前可能完成的任务成为可能。

　　扫描电子显微镜的研发与制造也同时依赖相关高端制造业的能力作为产业化的基础，如微纳制造技术、磁性材料加工/成型制造、电子电路技术等。因此上述相关领域的突破也依赖国家工业基础、材料制备和零部件厂商的共同进步。

第 4 章　我国热点亮点

4.1　我国三维共焦显微测量理论成果纳入国际标准

超精密级三维显微测量是纳米器件与微系统制造不断突破极限性能的必备手段。由于共焦显微测量具有样品适用性强等特点，因此长期以来始终是三维光学显微测量的重要前沿方向之一。然而，在新一代复杂微结构测量中，共焦显微测量与其他三维光学显微测量同样面临多种瓶颈效应的技术挑战。如何克服上述瓶颈，是超精密三维显微测量领域的国际共性难题。此前，此类问题都无法解决，往往只能采取破坏样品、观测断面的方式，间接推测三维形貌。

哈尔滨工业大学提出了中介层荧光共焦显微测量方法和有限能量损失解耦合三维测量定值方法，分别从测量信号的物理传播机制和三维成像理论模型两个方面解决上述瓶颈难题，科研成果获得 2020～2021 年度国家技术发明奖二等奖，主要创新原理简述如下。

(1) 中介层荧光共焦显微测量技术[148]

传统光学三维显微技术，之所以无法有效解决复杂微结构测量问题，主要原因在于：①在光滑曲面测量中，倾斜反射使得信号光传播方向超出光学系统有限孔径收集范围，从而导致有效分辨力降低甚至完全无法测量，即反射逃逸效应；②在深 V 结构测量中，信号光经过多次反射或散射，信噪比随着深度增加而急剧下降，导致底部形貌测不到、深度测不准，即反射振荡效应；③层叠结构是微制造的典型工艺之一。但由于单层结构的厚度通常为亚微米或纳米，测量光能够不同程度穿透单层或多层结构，混合材料差异性吸收及多界面反射导致层叠结构的高度测不准，即介观透波效应。上述物理效应单独存在或复合作用，由此构成了国际上光学三维显微测量技术的共性机理瓶颈。

中介层荧光共焦显微测量原理是通过在样品表面非结晶均匀沉积具有极高量子效率的纳米荧光物质形成辅助介质层(即中介层)，将信号光的反射或散射传播改变为近似各向同性的荧光受激辐射传播，由此通过重构测量信号的传播机制，突破上述三种瓶颈效应导致信号缺失的机理难题；与此同时，利用共焦成像的轴向卷积特性，通过比较不同测量点轴向包络的相对宽度变化，即可校正因中介层厚度均匀性引起的高度表征位置误差，从而保障中介层荧光共焦测量不产生原理误差。理论和实践都已证明中介层荧光物质易于去除、不污染样品。

该技术采用一种原理克服了上述三种瓶颈效应，所建立的三维显微测量的新机制，能够为新一代微器件与微系统技术提供超精密级的测量方法和手段，从而使其得以通过结构复杂化设计，实现功能拓展。

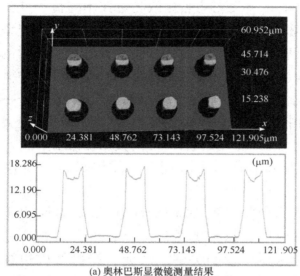

(a) 奥林巴斯显微镜测量结果

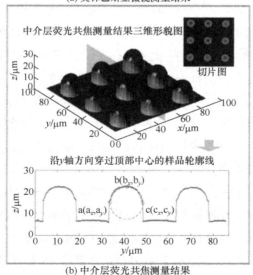

(b) 中介层荧光共焦测量结果

图 4.1　中介层荧光共焦显微测量技术与传统共焦原理奥林巴斯显
微镜测量结果对比

　　通过中介层荧光共焦显微测量技术与传统共焦原理奥林巴斯显微镜测量结果对比(如图 4.1)，不难看出该技术能够克服反射逃逸效应，提升高倾斜光滑曲面测量的能力。这次实验被测样品为光滑微球阵列，图 4.1(a)中微球边缘处呈现的测量噪声即为边缘蝠翼效应引起，这一问题在图 4.1(b)中得到充分抑制，如图所示测量结果最大可测倾斜角度达到 88.6°，接近 90°几何投影极限。

　　(2) 有限能量损失解耦合三维测量定值及仪器校准方法[149]

　　微结构台阶高度(或沟槽深度)是微器件功能化设计的主要自由度。以某类器件为例，大台阶结构三维超精密测量是保障质量的关键。然而，受微结构边缘遮挡作用影响，三维测量的有效示值读取区域与样品结构、测量波长和物镜孔径耦合相关，如何判定有效测量区域成为三维显微测量高度定值和仪器校准的国际性难题。现行 ISO 标准 50 年来一直沿用经验性准则——W/3 准则。但该准则不能指示样品结构参数和仪器测量参数之间的选配关系，即测量仪器的表征停止条件。发展具有严格物理含义的理论性准则是国际计量标准长期以来亟待解决的重要理论问题。

　　大台阶测量仪器校准是三维显微测量的国际难题，蝠翼效应严重影响测量结果准确性和一致性，ISO 理论性准则必须具有极为简化的数学形式，否则无法在工业界推广，蝠翼效应影响范围解析分析的理论难度极大，因此国际上一直沿用经验性准则，ISO 标准理论性准则长期空白。哈尔滨工业大学科研团队提出了适用于光探针三维表征有效示值区域判定的有限能量损失解耦合仪器校准方法，以信号光主瓣斯特列尔比不低于 80%为近似理想成像条件，实现遮挡效应影响下三维显微测量特性的解析证明，分别给出薄样品和厚样品三维测量高度定值与仪器校准的解析模型，从理论上揭示了样品结构变化与光学显微仪器表征能力之间的关系，给出了光探针三维显微仪器测量应用和仪器校准中进行样品和仪器参数选配的理论指导。LEL 准则原理应用示意如图 4.2 所示。

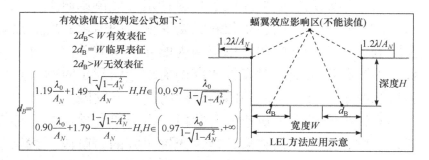

图 4.2　LEL 准则原理及应用示意

LEL 准则的提出，历经 2 次 ISO TC213 技术委员会年会和11次电话会议的激烈辩论,最终被ISO组织采纳。2018年 5 月 1 日起，由我国自主制定的国家标准(GB/T 34879-2017)——产品几何技术规范(GPS)光学共焦显微镜计量特性及测量不确定度评定导则正式实施，它的颁布实施表明我国先于国际社会确立了共焦显微镜三维测量的定值体系。LEL 准则填补了国际标准计量的理论空白，完善了国际标准计量量值溯源的技术体系，对保障全球范围内量值统一和可靠传递具有重要的社会意义。

4.2　我国部分原子钟达到国际先进水平

光钟相关研究进入快速发展阶段，国内光钟研究领域充分了解了秒定义变革对光钟的要求。2020 年底到 2021 年，国际计量委员会下属长度咨询委员会和时间频率咨询委员会进行了广泛的秒定义变更调研，并召开了新一届的会议，表明国际秒定义变更的准备工作已经正式开始。中国计量科学研究院组织开展了我国秒定义变革调研工作，向 CCTF 反馈了国内各单位对秒定义变革的需求和对其潜在影响的担心。这些调研也使国内的光钟研究单位充分了解了国际秒定义变革对光钟研究的需求，明确了时间节点和指标要求，有助于推动国内光钟的进一步发展。

光钟研究进入了快速发展阶段，多个研究单位的光钟开始或即将给出评估结果，迎来光钟研究的新阶段。截至 2021 年，国内已有三家单位 4 台光钟实现了系统频移不确定度评定和绝对频率测量，完成了光钟研制的全流程。我国还有多家单位的光钟实现了闭环锁定，进入到不确定度评估阶段，比如镱原子光晶格钟、铝离子光钟，锶原子光晶格钟等。中国计量科学研究院突破了长参考腔超稳激光技术和黑体辐射频移控制与精密测量技术，研制了高准确度锶原子光晶格钟；自主研制了掺铒光纤飞秒光学频率梳，研究利用飞秒光梳进行不损失光钟稳定度和准确度的光学与微波频率转换技术；充分利用计量院参与国际原子时合作的卫星链路和测量系统，通过考虑整个链路中各个环节引入的不确定度以及光钟不能长期连续运行而产生的无效时间的影响，把光钟的绝对频率溯源到国际时间频率公报中的国际基准钟组，实现了光钟的绝对频率溯源。

中国计量科学研究院建立了光钟绝对频率测量开放共享平台，为国内其他单位的光钟研究提供计量溯源服务，推动国内光钟研究为国际光钟定值做贡献。国内光钟研究单位较多，种类齐全，近年来取得了较好进展，中国计量科学研究院建立的测量平台能够帮助更多的光钟研究单位为秒定义变更提供数据参考。目前已帮助中科院精测院和华东师范大学的三台光钟进行了绝对频率测量，其中两台光钟的测量数据报送到了 CCL-CCTF FSWG。

光钟比对技术得到了突破性进展。华东师范大学研究了光学频率合成技术，能够进行本地光钟之间的频率比对，为不同输出频率的高准确度光钟之间的频域比对提供技术手段。为了进行远程光钟之间的跨空间域的比对，中国科学技术大学团队研究了光学星地链路的时间频率传输技术，利用双光梳技术实现了自由空间的高稳定度时间比对，为未来基于光钟的国际原子时合作提供了技术基础[150]，相关比对技术为未来我国光钟的发展提供了必要的测量手段。

星载汞离子微波钟成为研究热点并取得突破，由于星载汞离子微波钟的巨大优势，国内各单位对汞离子微波钟的研究热情高涨，在星载汞离子微波钟研制方面取得重大突破，采用离子囚禁、气体冷却和汞灯泵浦，实现了离子的稳定囚禁，跃迁信号幅度达到世界先进水平。

中国科学院于 2009 年开始研究积分球冷原子铷钟(ISCAC)，在星载积分球冷原子钟领域已取得重大进展。2015 年，原理样机的短期频率稳定度达到了 $4.2\text{E-}13\tau^{-1/2}$，日频率稳定度达到了 1.9E-15，之后进入工程样机研制阶段。2021 年的会议报告显示，其工程样机短期频率稳定度和长期频率稳定度已达到国际领先水平。

4.3　我国联合主导新冠病毒抗体测量国际比对

(1) 率先提出并联合主导新冠病毒抗体测量国际比对

面对新冠肺炎全球大流行，中国计量科学研究院生命科学计量团队第一时间向国际计量局(BIPM)和国际物质的量咨询委员会(CCQM)蛋白质分析工作组(PAWG)提出组织新型冠状病毒单抗测量比对研究的建议，并分享了当时正在开展的相关标准物质研究进展及成果，提出了比对建议，得到国际计量界认可并被推选作为联合主导实验室，提供相应比对样本、测量方法和比对技术方案。比对方案经中国计量科学研究院和 BIPM、加拿大国家计量标准研究所(NRC)，以及 PAWG 成员的多次讨论而确定。比对编号和名称为 CCQM-P216：Quantification of SARS-CoV-2 monoclonal antibody in solution。

中国计量科学研究院建立的单克隆抗体表征、测量以及新型冠状病毒抗体标准物质的研制，为此次主导比对提供了有力支撑。本次新冠病毒单抗国际比对由中国计量科学研究院与 BIPM、NRC 共同主导，共有 10 个国家的 12 个国际知名实验室参加。第一轮比对结果表明包括中国计量科学研究院在内的参比实验室的测量结果具有很好的一致性，比对结果已经发表在 BIPM 网站和 Metrologia[151]杂志上。通过组织本次国际计量比对，快速提升了世界各国在单抗蛋白类结构复杂生物大分子的测量能力，对提升新冠病毒抗体测量的准确性提供了技术支撑。

我国能够率先提出并联合主导新冠病毒抗体测量国际比对，得益于我国在新冠病毒抗体标准物质、新冠病毒抗体快速检测系统、新冠肺炎无症状感染者抗体免疫特征等领域的扎实研究成果。

(2) 新冠病毒抗体标准物质研制成功

新冠病毒抗体检测属于体外诊断医疗器械中生物量的测量，根据 ISO17511 的要求，检测医学中生物量的测量应具有计量学溯源性，才能保证结果的可比，而计量学溯源链的理想终点是为国际单位制系统相关单位的定义，这一目的的实现依赖于较高级别的参考测量程序或高级别的标准物质。新冠肺炎疫情初期，不同厂家不同批次的新冠病毒抗体检测试剂盒灵敏度、特异度差异较大，导致检测结果不可比。

为了保障新冠病毒抗体检测方法的开发与验证、试剂盒的研制、质量控制和评价，中国计量科学研究院生命科学计量团队设计筛选了针对新冠病毒 S 蛋白和 N 蛋白的不同片段的高亲和力单克隆抗体，进行人源化改造，成功研制了特异稳定、可靠安全、纯度高、定量准的新冠病毒 IgG 单克隆抗体国家有证标准物质，为体外诊断企业明确了产品性能指标，缩短了研发周期，为质控和国内外注册认证提供了技术支撑。

(3) 新冠病毒抗体快速检测系统研发与应用

中国计量科学研究院生命科学计量团队自主研制的新

冠病毒抗体现场即时检测(point-of-care test，POCT)系统具有简单快速、便捷灵敏、准确可靠的优点，可实现样本的实时在线检测，提高检测速度和筛查效率。该POCT检测系统以胶体金免疫层析技术为核心，将新冠病毒人源化单克隆抗体国家二级标准物质作为质量控制标准，提高检测灵敏度和准确度，实现实时监测新冠病毒感染患者血清抗体水平的变化，为患者的预后、治疗、康复指标等提供有效信息[152]。同时，该POCT检测系统也可推广应用于新冠病毒疫苗接种后中和抗体水平的动态变化监测，为新冠疫苗的效价评估提供技术支撑。

(4) 国际上率先系统揭示新冠肺炎无症状感染者抗体免疫特征

据报道，有大量的新冠病毒核酸检测阳性者是无症状感染者，这些特殊人群免疫反应是制定防控新冠病毒策略的关键因素。中国计量科学研究院生命科学计量团队联合中国科学院武汉病毒研究所和武汉市金银潭医院针对2020年武汉市八个区筛查出的143名无症状感染者开展病毒动力学和抗体反应动态监测研究。该研究首次揭示了无症状感染者抗体水平低、持续时间短的免疫应答特征，为我国乃至全球采取正确防控策略提供重要参考[153]。

4.4　我国主导制定磁悬浮转子真空计国际标准

(1) 主导制定磁悬浮转子真空计 ISO 国际标准

磁悬浮转子真空计(SRG)的线性、稳定性、重复性、测量不确定度等各项计量性能指标优异，在真空计量技术发展中，SRG 是迄今为止唯一得到公认的 $10^{-4} \sim 10^{-1}$Pa 量级真空参考标准和量值传递标准，也常在真空度国际国内比对中作为传递标准。2022 年 2 月，兰州空间技术物理研究所作为主起草单位承担的国际标准化组织真空技术委员会 (ISO/TC112)ISO 标准 "Vacuum technology-Vacuum gauges-Specifications，calibration and measurement uncertainties for spinning rotor gauges"成功进入最终国际标准草案(Final Draft International Standard，FDIS)阶段，该标准的制定标志着磁悬浮转子真空计校准方法的统一与公认，为确保真空量值的国际统一奠定了重要基础。

(2) MEMS 绝压式电容薄膜真空计应用于探月工程

兰州空间技术物理研究所提出了基于 MEMS 技术的绝压式电容薄膜真空计结构设计，突破了具有大宽厚比平整感压薄膜设计、基于 MEMS 技术的微型电容薄膜真空计封装等关键技术难点，完成了技术可控的 MEMS 绝压式电容薄膜真空计研制。目前，该仪器已被探月四期嫦娥七号搭载的月壤水分子分析仪和月壤挥发性分子测量仪选用，正在开展工程化设计与优化。

(3) 非蒸散型吸气剂薄膜制备技术趋于成熟

MEMS 真空器件通常都涉及微小腔体真空度维持难题。非蒸散型吸气剂薄膜是解决此类难题的最佳方案。兰州空间技术物理研究所自研溅射工艺设备，突破了多元吸气材料组分精确配比、非蒸散型吸气剂溅射镀膜等难题，制备了 ZrCoRE 薄膜，吸气速率和吸气总量等指标达到了国际主流技术指标[154]。

4.5　毫米波太赫兹仪器与计量技术实现突破创新

近年来，我国矢量网络分析技术进入快速发展时期，多功能、多端口、非线性、脉冲调制、数据域、调制域等新体制矢量网络分析技术取得重要进展，产品数量和综合性能均达到国际先进水平，实现与国外并跑，在新型矢量网络分析仪器方面，如双频非线性、调制域、大功率等矢量网络分析技术方向实现了领跑。

(1) 推出了一体化 110GHz 同轴矢量网络分析仪

近年来，我国电科思仪公司推出了采用 1.0mm 同轴连接器的一体化 110GHz 矢量网络分析仪产品，如图 4.3 所示，已经批量并提供用户使用。

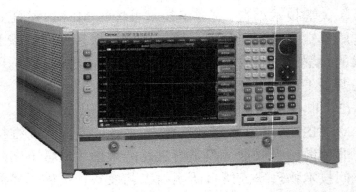

图 4.3　电科思仪一体化 110GHz 矢量网络分析仪

(2) 推出了基于调制信号激励的调制域矢量网络分析仪

突破了正弦波激励的传统矢量网络分析仪设计理念，

集成研制了基于复杂调制波形激励的矢量网络分析仪，解决了高速数据总线、平衡传输线和数字背板等数字传输系统眼图和误码率测量难题，解决了高速数字传输系统建模与表征难题；解决了大功率半导体芯片及芯片化 T/R 组件满负荷热态参数测量难题。

(3) 双频非线性网络模型国际发明专利授权

面向大功率半导体器件建模、5G 移动通信和卫星通信邻道干扰测试评估的需求，提出了双频非线性矢量网络分析仪设计方案，建立了双频非线性模型，并率先把双频非线性模型命名为 W 参数，进一步拓展了矢量网络分析仪的应用领域。双频非线性模型申报了中国、美国、俄罗斯和欧洲发明专利，目前已获得中国、美国和俄罗斯专利授权，欧洲专利正在受理。

(4) 国产矢量网络分析仪测量端口由同轴连接器过渡到平面传输线

我国电科思仪公司以宽带微波矢量网络分析仪为核心仪器，突破了精密探针位移平台、同轴探针、在片校准与误差修正等关键技术，集成了微波毫米波半导体集成电路在片测试系统，测量端口从同轴连接器延伸到晶圆上的平面传输线，测量频率覆盖了 10MHz～110GHz，填补了微波半导体器件晶圆级在片测试空白。

(5) 太赫兹成套测试解决方案

我国电科思仪公司集成研制了太赫兹矢量网络分析仪、信号发生器、频谱分析仪、功率计等四种常用仪器，并以矢量网络分析仪为核心仪器集成了太赫兹材料、芯片、天线和雷达散射截面测试系统。

(6) 5G 移动通信有源天线成套测量解决方案

以矢量网络分析仪为核心仪器，集成研制了 5G 移动通信用的片上天线、三维封装天线、大规模 MIMO 波束赋形天线、天线环境效应等多个测量系统，解决了大规模 MIMO 天线多波束方向图、波束快速跟踪特性、环境实验等测量难题，形成了 5G 移动通信有源天线成套测量解决方案。

在配套计量技术方面，也取得了可喜的科研成果，包括以下几个方面。

(1) 建成太赫兹脉冲波形参数 GF 最高计量标准

"皮秒电脉冲波形参数标准装置"，采用光电导太赫兹脉冲产生和电光取样太赫兹脉冲测量技术，突破了基于时序交织的高时间分辨力电光取样、宽带异构适配器瞬态脉冲响应原位定标、基于时序正交均衡的太赫兹脉冲波形重构等关键技术，解决了宽带取样示波器、宽带实时示波器等"表"和超快电脉冲产生器、超高速码型发生器等"源"的瞬态脉冲波形参数的校准问题，显著提高了我国皮秒电脉冲波形参数计量校准能力。该装置技术成果获 2021 年国防技术发明二等奖。

(2) 成功研制太赫兹衰减标准装置

"0.11THz～0.17THz 衰减标准装置"，采用低中频替代法和双通道测试技术，突破了太赫兹信号稳幅、宽带匹配、太赫兹衰减参数溯源等关键技术，初步形成了太赫兹衰减参数计量校准能力。

(3) 成功研制太赫兹源光谱辐射系列参数校准装置

"太赫兹源光谱辐射系列参数校准装置"，采用低温黑

体真空低背景辐射分段辐射功率校准，及太赫兹分段多光
束干涉波长校准原理，突破了基于窄带光谱滤光法太赫兹
分段校准、金属网格滤光片精密测试干涉腔等关键技术，
解决了应用领域太赫兹源参数的校准问题，起到了太赫兹
源核心器件的计量保障作用。该装置技术成果获 2021 年国
防科技进步三等奖。

(4) 太赫兹场强量子精密测量技术持续发展

场强量子精密测量技术是基于里德堡(Rydberg)原子，
利用量子干涉效应将强度测量转化为频率测量，实现可溯
源高灵敏的电磁波电场强度测量，其正在从微波频段向太
赫兹频段发展。Rydberg 原子是指主量子数 $n>10$ 的高激
发态原子，在微波和太赫兹频段具有极大的电偶极矩，因
此对微波和太赫兹波的电场具有极高的灵敏度，能够实现
对微弱电场信号的精密测量。Rydberg 原子与电磁波电场
的较强耦合，使得 Rydberg 能级参与的电磁诱导透明
(electromagnetically induced transparency，EIT)效应的透
明峰产生 Autler-Townes(AT)分裂，分裂后的双峰间距与
耦合的拉比频率成正比，由于拉比频率反映了电场强度
的大小，因此通过测量拉比频率就可以实现电场强度的
测量[155]。

4.6 高性能视觉检测装备应用覆盖
国内 80%汽车企业

汽车是有着数万亿规模的国家支柱行业，智能制造是
当前我国汽车行业实现超常规发展的战略选择[156]。针对当

前汽车工业的全流程混流制造特点及测量需求,天津大学、易思维(杭州)科技公司以光学三维数字化测量理论为基础,历经十余年产学研用联合攻关,创新研究高现场可靠性、高工艺匹配性、高应用灵活性的视觉检测新原理方法,攻克特殊光学特性表面高精度在线检测、复杂环境下精度控制与误差补偿、与制造工艺深度融合的视觉性能增强关键技术;形成了包括自动蓝光扫描、漆面检测、机器人视觉引导等复杂测量系统装备在内,可覆盖视觉测量、引导、检测、识别 4 大类需求的 10 余款产品,可提供覆盖汽车车身制造全工艺流程的近 30 类应用解决方案。如图 4.4 所示。

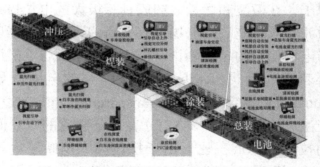

图 4.4　高性能视觉检测成套技术及装备

面向汽车制造质量控制的视觉测量系统化应用需求,易思维围绕汽车制造尺寸控制与制造工艺过程质量控制两大环节,开展系统化工程应用,形成了覆盖冲压单件、焊装部件、焊装整车及总装成品车的全链条尺寸测量体系和覆盖焊接、涂胶、喷漆等全过程工艺质量检测体系,如图 4.5 所示。开发了数据分析平台系统,实现了各级产品尺寸、工艺质量数据的互联互通、汇总存储;实现了大规模质量

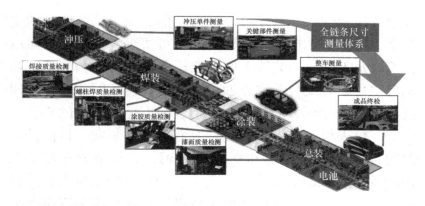

图 4.5 全链条尺寸测量体系和全过程工艺质量检测体系

数据关联分析、综合诊断；建立工厂问题流转解决机制，并形成经验数据库。

如图 4.6 所示，面向汽车制造效率提升的视觉引导系统化应用需求，易思维已形成盖零件上下料、部件机动的全过程自动化视觉引导体系以及覆盖焊装车身、四门两盖

图 4.6 覆盖自动化全过程的视觉引导与装配体系

外闭合件装配、总装车身内外饰部件装配等工艺的自动化视觉引导体系；机运自动化方面，可实现零件在不同储运料箱以及不同机运装置上的定位抓取，打通了冲压-焊装物流自动化；装配自动化方面，可实现焊装车间的白车身四门、前后盖、顶盖的机器人自动装配，总装车间的轮胎、座椅、仪表板、前后风挡玻璃机器人自动装配；目前已在国内各大汽车厂形成 600 余套应用，直接节省操作工人1000 余人。同时，形成了各类工艺条件下的工位人机工程的优化设计体系，以更优的工位设计促进更高的系统性能实现。

目前，易思维所提供的成套视觉检测设备已打破了国外技术垄断，产品应用覆盖国内 80%汽车厂，成为上汽大众、一汽大众/奥迪、上汽通用等主流汽车厂主力供应商（主要用户如图 4.7 所示），出口至美国、德国等欧美汽车厂，在特斯拉位于的美国、德国、中国三大制造基地成功应用，提升了民族品牌的世界竞争力，累计为客户提供 1837 套视觉设备。节约人力成本数十亿元，助力了 1000 万台以上高品质汽车制造，实质性推动国内汽车生产线进入国际先进行列。

图 4.7　主要用户品牌

4.7 我国提出了复合纳米探针设计方法

(1) 提出了复合纳米探针的设计方法

西安交通大学提出通过碳纳米管探针实现光学探针二次耦合聚焦,设计和制备了复合纳米探针,不仅可以实现聚焦,还可广泛用于大深宽比微纳结构测量。为了实现大深宽比微纳结构和近场光学超分辨测量,同时结合接触-非接触测量模式,设计了锥形探针结合碳纳米管实现光学探针二次耦合聚焦的复合纳米测量方法,如图 4.8 所示。研究了不同入射模式下碳纳米管尖端聚焦及碳纳米管的光场传播特性,并与偶极子光源激发碳纳米管上光场传播形式和尖端光场分布对比,揭示了复合纳米探针对入射光源模式的选择特性和锥形探针与碳纳米管之间光场耦合转化机理;研究了不同碳纳米管长度对聚焦电场增强的影响,揭示了长度与电场增强和光场传播特性之间的作用机理;研究了不同锥形探针直径与不同碳纳米管直径之间的耦合转化方法并建立了光场耦合转化模型,揭示了锥形探针和碳纳米管连接处直径大小与耦合效率之间的影响规律。纳米探针在进行接触测量的同时,通过锥形探针激发表面等离激元,并经碳纳米管实现二次耦合聚焦至复合纳米探针尖端形成光探针,从而可以同时进行接触和非接触测量,形成接触-非接触复合纳米探针,同时具有纳米尺度“多能场”和“多信息”收集的优势。

(2) 实现了大深宽比碳纳米管探针可控制备

为了实现大深宽比复杂微纳结构测量,提出了碳纳米管探针可控制备方法。制备出了适用于不同类型复杂微纳结构测量的大长径比高性能原子力显微镜碳纳米管探针。如图 4.8 所示，制备过程中，通过控制阈值电压以控制尖端生长液拾取量，保证生长液在尖端附着区域的曲率半径；待生长液拾取完成后，在预制针尖尖端利用化学气相沉积法合成碳纳米管，可控制备尖端为单根一维纳米材料。与原子力显微镜硅探针相比，碳纳米管探针可沿陡坡曲率提供更精确的表面高度剖面，而原子力显微镜硅探针无法探测到样品底部，测得结果非样品真实形貌。

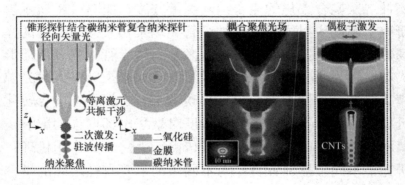

图 4.8　复合纳米探针

对比国外同类技术：美国莱斯大学提出导电胶粘接法[157]，通过手工操作完成；美国宇航局艾姆斯研究中心[158]改进化学气相沉积法，实现了碳纳米管在指定位置生长；日本大阪大学[159]利用碳沉积法制备了粘接强度高、粘接角度可控的碳纳米管探针。西安交通大学提出的碳纳米管探针可控制备方法，简单易行，成品率高，制备出的探针直径＜10nm，长径比＞70:1。如图 4.9 所示。

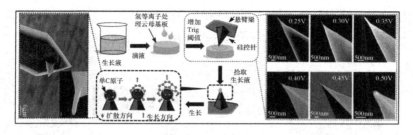

图 4.9   碳纳米管探针

(3) 实现了超越衍射分辨率极限的纳米光学探针

为了实现超衍射近场聚焦，研究了圆柱波导模式传播和转换理论，揭示了光纤内部入射模式与光纤金属膜外部表面等离激元之间的耦合转化机理，得到了不同表面等离激元波导模式有效折射率随锥形探针波导半径的变化规律，提出了径向偏振表面等离激元模式的纳米聚焦和近场增强方法[160,161]。为了提高锥形探针针尖的局域近场增强效果，提出了在锥形探针上制备纳米光栅耦合激发表面等离激元的光学探针方法，如图 4.10 所示。根据表面等离激元的色散特性，通过纳米光栅匹配金属膜表面等离激元模式的波矢激发锥形探针上径向偏振表面等离激元共振干涉，实现了内部入射光与表面等离激元模式干涉及表面等离激元模式之间的相互干涉，相对于传统等离激元聚焦探针针尖电场增强提高了一个数量级。在此基础上，对于不同入射偏振光模式设计并研究了非对称光栅狭缝，实现了表面等离激元模式调控，以及探针针尖近场强度可调谐的宽光谱增强聚焦。结合纳米光栅耦合激发表面等离激元干涉共振，提高了探针尖端局域近场增强效果，实现了复杂微纳结构的无背景光影响的高信噪比和微弱信号探测。对比国外同类技术，该光学探针具有无背景光影响、高信噪比和微弱信号探测能力等特征，并用于了纳米结构测量。

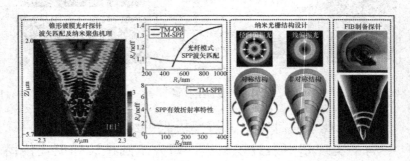

图 4.10 纳米光学探针

4.8 调频激光雷达扫描测量技术与仪器

调频激光雷达扫描测量技术的难点主要在于：作为调频激光测距光源的半导体激光器具有输出频率与调制信号非线性的问题，而输出的线性度直接影响测量精度；现场测量条件下，大气扰动导致光程不稳定，并引入多普勒频移，给最终测量结果带来误差；测量范围大且采用非合作目标探测体制，需要依靠目标表面漫反射的测量光进行探测，信号强度低，信噪比差，频率解算难度大；仪器中影响测量精度的要素多、耦合关系复杂，仪器的系统误差修正和补偿困难。

北京航天计量测试技术研究所攻克了发射激光频率线性调制、拍频信号高精度解算、漫反射激光高信噪比探测、系统几何误差补偿等关键技术，研制成功了国产调频激光雷达扫描仪。

该调频激光雷达扫描仪基于调频锁相的光频非线性校正方法，突破了大尺寸高精度激光测距激励信号宽频带、高动态线性调频瓶颈，研制成功了高速宽带窄线宽扫频全光纤激光器，实现了 100GHz 调制深度、2kHz 调频频率发射激光的稳定输出，频率线性度大幅提升；提出了互补双调制差动的高准确度激光回波信号频率误差及时域相位误差补偿算法，解决了现场工况条件下大气扰动引入的多普勒频移及相位抖动消除难题，有效提高了系统测量重复性和准确度；发明了一种用于多波段共光路激光雷达发射探测的折衍混合光学系统，解决了低反射率非合作目标测量回波信号微弱的问题，提高了光学系统探测信噪比；首次建立了极坐标系三维扫描测量系统 26 项测量误差模型，并提出了基于空间全局控制点约束的超定系统多参数求解算法，实现了优异的空间坐标测量不确定度。

2021 年，国产调频激光雷达扫描仪作为科技自立自强代表性成果受邀参加在人民大会堂举办的"月球样品和探月工程成果展"。仪器研制成功以来，已在各种重大任务中发挥了重要作用。该技术满足了工程应用对高精度三维扫描测量设备的迫切需求，推动了高端制造业的发展。

4.9　具备原位测量功能的工业 CT

目前天津三英精密仪器股份有限公司已完成 5kN～2000kN 原位系列加载工业 CT 的系统研制与产品开发，采用了一体化的设计方法，在硬件和软件进行系统集成，根据应用场景的不同，开发了不同的作动器布置、不同的旋转机构、不同的高低温实现形式，力值范围从 5kN 至 2000kN，可匹配高低温模块(-60℃～300℃)和渗流模块(35MPa)的系列产品，突破了"力-温度-渗流"的多场耦合形式，解决了原有进口加载装置产品功能单一和与 CT 主机匹配度较差的问题，使我国在多场耦合 CT 领域实现了全面提升。

　　系列产品已在我国多个科研机构得到实际应用，如清华大学、武汉大学等，以地质及相关领域的应用为主要特色，可进行大尺寸岩石样品、模拟深部地层压力环境、透视岩石压裂过程的测试，开展数字岩心与多场耦合 4D 分析、智慧地质与勘探开采等研究工作。进一步为地球深部资源开发、地质灾害防治、重大工程建设及核废料地质处置等领域提供新的研究平台。系统配套原位渗流装置，可以在高温高压条件下，对岩土在三轴压力条件下渗流试验进行在线实验测量，提供高精度流量恒速、恒压、阶梯恒速、阶梯恒压的液体或气体驱替，实现驱替过程中孔隙结构变化的定量表征分析及三维岩心孔隙及渗流规律的演化表征，建立描述非均质岩体渗流-应力-损伤耦合作用物理模型，研究岩体应力状态的变化和损伤破坏过程中渗透性的演化规律对其渗透性的影响，包括应力-应变-渗透系数全过程分析，裂纹萌生、扩展贯通过程，孔隙水压力对岩石破裂模式的影响等；可用于水利领域中岩石(体)流-固耦合问题的数值计算分析，可开展水利水电工程中各类坝体渗流场、孔隙压力场、微震时空展布等特征的计算分析，对承压水煤层开采等工程中的突水等突发性地质灾害的预测预报等。

结合原位加载的 CT 扫描数据，数字体积相关方法 (Digital Volume Correlation，DVC)成为数据分析技术的热点之一，DVC 技术能测量出三维图像变形前后，任意位置的采样点的位移和应变，分析物体内部的三维变形情况。在骨科研究中，通过原位力学实验，获取梯度载荷下的 CT 图像，结合数字体积相关方法(DVC)，建立一种可以准确描述线弹性范围内骨骼应变场及位移场的有限元模型，准确评估骨折风险，对预防骨折具有重大意义。在混凝土中添加玻璃纤维织物可以增强其拉伸力学性能，通过准静态的原位力学试验，结合 CT 扫描和 DVC 分析，发现不同加载阶段的体应变演化，有助于纤维织物的优化配置，提高纤维织物的利用率，对织物增强混凝土的性能设计具有指导意义。在电子器件领域(如柔性电子、锂电池、引信等)，CT 与 DVC 技术的结合，不仅能够在无损的状态下对精细紧凑的电子产品内部的力学场进行测量，还可以为开展基于真实结构的高保真精细化有限元分析提供依据，这种试验和测量方法将在电子产品内部力学参量测量和仿真分析中得到越来越多的应用，为新型电子产品的故障和失效分析、产品工艺改进、结构完整性和可靠性评估提供有力保障。在研究高聚物黏结炸药的损伤演化行为中，获得不同载荷下试件的原位 CT 图像，利用 DVC 方法得到试件内部三维位移场与应变场，明确加载过程中材料试件应变变化规律及表面裂纹扩展过程，发现 CT 图像灰度均值是揭示材料中小于 CT 分辨率微小损伤变化的重要指标，试件内部应变场及表面灰度变化可以表征加载过程中材料损伤的积累过程。

4.10　初步建立纳米时栅测量理论与技术体系

　　自主原创的纳米时栅位移传感器成功实现产业化，重庆理工大学提出了原创性的纳米时栅测量学术思想，建立了一套比较系统的纳米时栅测量理论体系，发明了基于离散栅面空间正弦调制的绝对式位移传感新方法和正弦形栅面阵列传感参数设计准则，解决了结构优化、器件制造和信号处理智能化等关键技术问题，取得了核心技术指标的重大突破。经中国计量科学研究院第三方测试表明：纳米直线时栅(比对现场和测试报告如图 4.11 所示)及纳米圆时栅在相关量程内，精度全面达到国际领先水平(比对现场和测试报告如图 4.12 所示)。

　　研制的纳米时栅测量技术形成 37 项专利进行了转化，被认为突破了高端装备领域的一项关键核心技术，与中国通用技术集团合作成立"通用技术集团国测时栅科技有限

图 4.11　直线式纳米时栅位移传感器比对现场和测试报告

图 4.12 圆纳米时栅位移传感器比对现场和测试报告

公司"。生产出多种型号纳米时栅位移传感器，在数控机床、航空航天、计量检测、国防军工等领域得到批量应用，解决了高端精密装备的高精度位置检测难题。该成果建立了"原理—理论—技术—产品"的完整体系，获得了 2020 年度重庆市技术发明一等奖，"大量程纳米时栅位移测量器件"在国家"十三五"科技创新成就展参展(现场展出照片如图 4.13 所示)。

图 4.13 "十三五"科技成就展的大量程纳米时栅位移测量器件

4.11　光纤传感技术应用取得新突破

我国科研单位在光纤传感系统研究和应用方面不断取得新突破，进一步推动该技术在航空航天、海洋工程、船舶、轨道交通、石油化工、土木工程和医疗健康等行业的应用发展。

在航空航天器高温高动态多参数光纤监测领域，北京信息科技大学联合航天航空等单位，针对高超声速飞行器、卫星、载人飞船、空间站和飞机等航空航天重大装备监测需求，开展了光纤传感测量技术研究与系统研制。发明了基于蓝宝石光纤的增敏法珀微腔超高温多参数高精度传感系统，解决了高超声速飞行器高温压力、应变和温度等多参数同时测量难题；提出了全金属化光纤传感器的封装制作方法，有效解决了光纤传感器的蠕变、老化问题，提升了光纤传感器的稳定性、重复性和寿命。提出了一种基于可调谐半导体激光器的多通道光纤光栅自适应解调方法，以及基于双质心定位和动态门算法的高精度波长寻峰方法，实现了星载在轨高精度低功耗在线监测；发明了基于支持向量机光谱特征识别的大容量光纤光栅传感器组网技术，提出了分布式并行高速动态光纤光栅解调方法，解决了飞机机翼结构动态载荷状态监测的难题；发明了基于多芯光纤传感器和 Frenet-Serret 算法的柔性机构空间三维形变测量技术，提出了多芯光纤传感结构关键参数校正方法和基于中心纤芯温度自补偿的热解耦方法，实现了三维形变高精度原位测量。依托以上成果，为航天航空单位研制了多台套光纤监测产品，应用于多台套重大装备监测。

武汉理工光科的长距离光栅阵列振动探测报警系统，是新一代长距离的安防入侵振动探测系统，尤其适合长输油气管线安全监测，大长边境入侵监测等应用，适合极端恶劣环境下的振动在线监测，现场应用免维护。该系统通过采用光时域反射(OTDR)技术和光栅阵列相位干涉还原技术，结合机器学习与大数据处理，能够对沿线入侵事件进行智能识别，实现对管道沿线/大长边境的各类入侵事件进行实时监测、定位、预警和报警。光纤光栅感温火灾探测系统，以光纤作为信号传输和传感媒质，利用光纤光栅感温原理实时探测温度场的变化，具有差温、定温等多种报警模式。相关产品已经成功应用于全国 30 座大型桥梁、3000 多座大型石油储罐以及约 13000km 交通隧道的健康安全监测项目。

4.12　研制成功大型精密回转装备装配测量仪器

哈尔滨工业大学突破基于多偏置误差源辨识和分离补偿的超精密测量方法、多级转静子误差累积传递机理、基于矢量投影定位误差和定向误差累积量极小化调控理论、大承载高刚度超精密回转运动基准等多项核心关键技术，研制成功大型高端精密回转装备装配测量仪器。

4.13　实现埃级分辨的拉曼振动成像

扫描拉曼埃分辨显微术(Scanning Raman Picoscopy，

SRP)是一种以高分辨 TERS 成像技术为基础的利用"搭积木"方式重构分子化学结构的新方法学[100]。该技术主要是利用三个方面的优势：第一，埃级分辨的拉曼振动成像能够可视化确定原子基团或者化学键的精确位置；第二，对于局域振动的对称与反对称模式，位置依赖的干涉效应可以确定化学基团之间的连接方式；第三，将光谱成像与拉曼指纹数据库结合可以帮助确定单分子的基本组成与排列方式。下面将以镁卟吩(MgP)分子为例，介绍 SRP 技术以"搭积木"的方式可视化重构分子化学结构的工作原理。

如图 4.14 所示，利用高分辨的 SRP 技术，可以获得 MgP 分子不同局域振动模式的空间分辨图案。得益于等离激元皮腔中显著增强与高度局域化的电磁场，SRP 技术的空间分辨率可以达到 1.5Å(见图 4.14(b)～(c))。由于局域振动模式的空间图案与化学键振动以及它们的连接方式密切相关，因此利用有限的 SRP 图案便可以重构出分子的化学结构。图 4.14(d)～(e)展示的是 SRP 技术重构 MgP 分子化学结构的具体过程。

将 SRP 技术与其他高分辨表征技术相结合，借助各自系统的优势，可从多个视角对分子的化学结构进行确认。如图 4.15(a)～(f)所示，根据不同振动模式的 SRP 成像可以准确重构出脱氢并五苯分子的化学结构。再结合 Q-plus AFM 的高分辨扫图以及理论模拟进一步确认脱氢并五苯分子的精确化学构型[142]。这说明 SRP 技术与 Q-plus AFM 的结合在探测分子化学结构与异质性方面的巨大优势。

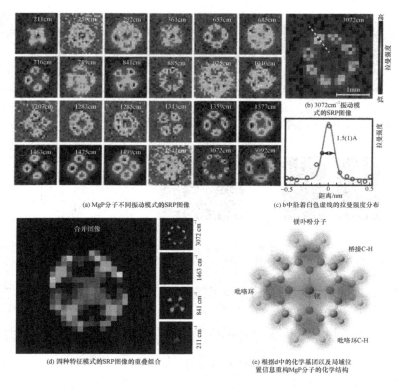

(a) MgP分子不同振动模式的SRP图像

(b) 3072cm⁻¹振动模式的SRP图像

(c) b中沿着白色虚线的拉曼强度分布

(d) 四种特征模式的SRP图像的重叠组合

(e) 根据d中的化学基团以及局域位置信息重构MgP分子的化学结构

图 4.14 扫描拉曼埃分辨显微术重构单分子化学结构[100]

　　埃级分辨的 SRP 技术具有在单个化学键水平上对分子结构表征与重构的强大能力，而且不依赖于衬底是否具有等离激元活性，分子是否具有特定构型。如果未来能够与机器学习和大数据分析结合起来，将大大提高 SRP 技术对分子结构的分析效率与准确性，使其发展成为一种更加成熟的结构分析手段，为单分子水平上物质结构表征以及表面物理化学反应提供强有力的手段支撑，也为生物大分子的复杂结构解析以及结构动力学过程提供新的思路。

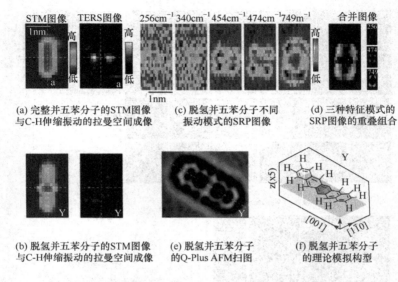

图 4.15　扫描拉曼埃分辨显微术探究表面分子结构与化学异质性[141]

4.14　具备亚纳米分辨力的高分辨力场发射扫描电镜研发成功

2021 年底，由钢研纳克控股成立的纳克微束(北京)有限公司攻克了新型浸没透镜式电磁复合物镜、高亮度场发射源、高量子效率电子探测器、干扰磁场补偿等多项关键技术，研制了具备亚纳米级别分辨力的场发射电镜系统 FE-1050，1kV 下低压分辨力首次突破 2nm，达到 1.3nm，与国际水平看齐；在 30kV 下高压分辨力(STEM 模式)，我国首次突破了 1nm 大关，达到 0.8nm 的国际先进水平。如图 4.16 所示。

该套高分辨力场发射扫描电镜系统采用了全新的多级

急速的镜筒内部加速技术和浸没式电磁复合物镜，突破了传统低压下电子速度低、色差大的技术瓶颈，解决了高压和低压下分辨力差距较大的问题。如图 4.17 所示。

图 4.16　纳克微束研发成功具备高分辨力的场发射扫描电镜
(原理样机)

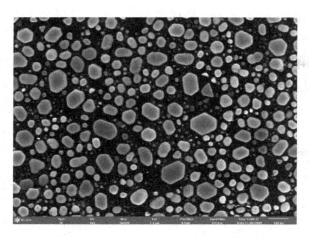

图 4.17　高分辨力的场发射扫描电镜分辨力测试样品测试图像
(标尺 100nm)

第 5 章　领域年度热词

热词 1：光钟绝对频率溯源

基本定义：通过与本地铯原子喷泉钟比对，或者通过卫星链路与国际时间频率公报中的国际基准钟组进行比对，把光钟的频率溯源到现行秒定义的测量活动。

应用水平：确保在秒定义变更时，新定义的量值继承了原定义的量值，实现秒定义变更前后量值稳定不出现跳变，保证新老定义的平稳过渡。

热词 2：MEMS 绝压式电容薄膜真空计

基本定义：MEMS 绝压式电容薄膜真空计是利用 MEMS(微机电系统)技术制备的，通过测量电极间电容量的变化来确定绝对真空压力的一种高精度真空计。

应用水平：自主研发的 MEMS 电容薄膜真空计用于测量水分蒸气压，并为其他科学载荷提供开机判据。此外，该仪器在真空计量、特种设备试验、空气动力学研究等领域也可大规模应用。

热词 3：太赫兹示波器

基本定义：指时间分辨力达几十飞秒、带宽达几百吉赫兹的太赫兹信号时域波形测量系统。

应用水平：太赫兹示波器的优势是能够直接对太赫兹频段信号进行采样，获得太赫兹信号时域波形，主要用于超快波形捕获、太赫兹信号波形分析等，目前国内外都研发了专用测试系统，尚未见到通用太赫兹商用示波器的报道，属于太赫兹计量测试领域的研究热点之一。

热词 4：星载汞离子微波钟

基本定义：通过离子囚禁、气体冷却和汞灯泵浦，将汞离子囚禁在离子阱中，利用其超精细能级频率锁定晶振，使其实现超稳频率的输出。

应用水平：星载汞离子微波钟的优势在于频率稳定度和漂移率等性能指标高、体积小和环境适应性优的优点，可广泛应用于北斗导航、空间站和深空探测等国家重大工程任务中。

热词 5：星载积分球冷原子钟

基本定义：将特定激光注入高反射率的积分球中，在球的中心处利用漫反射的红移激光将原子囚禁和冷却，获得更窄的谱线，将晶振锁定在此谱线上，实现超稳频率输出。

应用水平：由中国科学院在 1979 年的成都光频标会议上首次提出，该院于 2009 年开始研究积分球冷原子铷钟，2015 年，原理样机的短期频率稳定度达到了 $4.2E-13\tau^{-1/2}$，天频率稳定度达到了 1.9E-15。该钟指标高、体积较小，可满足特定工程任务中对高性能原子钟的需求。

热词 6：自适应 HDR(High Dynamic Range，高动态范围)三维扫描

基本定义：指自动适应包含不同反射条件物体的复杂场景下的三维扫描技术。

应用水平：自适应 HDR 三维扫描是根据预扫描信息自动优化光栅投射调制度、自动设置多级曝光，实现复杂高光比场景下的完整三维信息获取，达到强反射的高光区域和强吸收的低暗区域兼顾的效果，在汽车、锂电等工业测量和视觉引导自动分拣场景下将发挥重要作用。

热词 7：三维芯片检测

基本定义：对三维芯片层叠结构的几何尺寸和缺陷等进行测量。

应用水平：三维芯片具有关键尺寸小、深宽/径比大、三维结构复杂等特点。芯片检测目前是半导体产业链中最薄弱的环节之一，直接影响芯片制造精度，对于提高芯片制造水平至关重要。

热词 8：复合纳米探针

基本定义：光学锥形探针与碳纳米管探针复合形成的纳米探针。

应用水平：复合纳米探针的优势是可以同时进行接触和非接触测量，能够实现纳米尺度多能场和多信息收集，主要用于通过光学探针二次耦合聚焦的方法实现多能场和多信息收集的光学超分辨测量。

热词 9：调频激光雷达扫描仪

基本定义：应用于大尺寸高精度测量的扫描测量仪器，基于调频激光干涉测距技术和高精度二维正交测角技术，通过对被测物表面进行扫描获得物体表面的三维轮廓信息，计算被测物的关键几何参数。

应用水平：国内相关产品已研制成功并进行了应用，成功解决了大型装备装配定位测量等技术难题，有力支撑了国家重大工程的研制。

热词 10：超低相位噪声矢量网络分析仪[31]

基本定义：指采用了超低相噪频率合成技术的矢量网络分析仪。

应用水平：采用超低相噪频率合成技术，研制矢量网络分析仪的激励信号发生器，可大幅降低矢量网络分析仪的本地噪声，具有超低相位噪声、超快频率切换速度、更大动态范围等特点，用于有源器部件性能表征，已在卫星转发器变频损耗、压缩点、互调和相位噪声等指标测试获得应用。

热词 11：原位 CT

基本定义：指具有原位加载装置作用于待测样品的 CT 设备。

应用水平：原位 CT 的优势是可以监测样品内部结构的变化过程，主要用于在力、热、光、电、磁等外场作用下，待测样品发生了物理变化或化学变化而引起内部结构的变化，利用 CT 技术对变化过程进行监测。在我国的结构材料、岩石力学、生物力学等研究领域获得典型应用。

热词 12：纳米时栅

基本定义：指实现纳米级测量精度的大量程位移传感器。

应用水平：纳米时栅的优势摒弃了传统的"以空间测量空间"的位移测量方法，通过构建匀速运动坐标系，"以时间测量空间"，使测量精度不依赖于精密制造，测量精度溯源到时间以实现精密位移测量。主要用于高端精密装备的高精度位置检测，在我国沈阳机床集团、深圳大族激光等得到批量应用。

热词 13：光纤导航

基本定义：光纤导航技术是将光纤植入手术机器人作为信号传感和传输元件，通过光信号变化和模型算法实时监测机器人姿态、位置和交互力等参数，实现术中导航。

应用水平：光纤导航的主要优势是本质安全、易集成、抗电磁干扰，适用于各类手术机器人，也兼容其他各类导航设备。目前，荷兰 Philips Medical Systems 公司已将完成光纤导航系统的血管内导航模拟实验、动物试验和首次临床试验；美国 Intuitive Surgical 公司已将光纤导航系统应用于其最新的肺活体组织检查机器人 Ion，达到毫米级的定位精度。

热词 14：大型高端精密回转装备装配测量技术与仪器

基本定义：大型高端精密回转装备装配中超精密测量技术与仪器工程。

应用水平：大型高端精密回转装备装配超精密测量技术与仪器的优点是实现在线高精度测量指导精准装配，主要用于大型高端精密回转装备装配中超精密测量与智能装配，在我国大型装配测量生产线领域获得典型应用。

热词 15：扫描拉曼埃分辨显微术

基本定义：扫描拉曼埃分辨显微术是一种结合埃级分辨的局域振动模式成像以及拉曼数据库和位置依赖的干涉效应，通过全局分析得出原子基团的组成和排布，并以"搭积木"的方式重构分子化学结构的新方法学。

应用水平：扫描拉曼埃分辨显微术可以用来探测不同表面吸附构型(水平，竖直，甚至严重扭曲)的分子，通过埃级分辨的局域振动模式成像重构分子的化学结构。进一步将扫描拉曼埃分辨显微术和 Q-plus AFM 相结合可以用来研究分子的化学结构异质性。

热词 16：等离激元皮腔结构

基本定义： 等离激元皮腔结构是能够将光场空间分布局限在 1nm³ 以内的具有原子级突起结构的等离激元光腔[162-165]。

应用水平： 在扫描隧道显微镜的原子级突起针尖与衬底组成的高度局域的等离激元皮腔场中，可以实现埃级分辨的拉曼光谱成像。此外，这种皮腔也对实现亚纳米分辨的单分子光致发光成像至关重要。在单分子光致发光中，由于等离激元皮腔场的存在，针尖在逼近分子的过程中，光致发光的强度会一直单调增强，直到与分子接触时才发生猝灭，而不会出现通常所看到的接触前就发生荧光淬灭的现象[166]。

第 6 章 领 域 指 标

领域	类别	序号	指标	我国水平(2021~2022 或最新)	国际领先水平(平均)
测量计量与仪器	计量测量参数	1	光钟系统频移不确定度	与国际平均水平相当	9.4E-19(E-17)
		2	光钟绝对频率溯源不确定度	接近国际领先水平	1.8E-16(E-16~E-15)
		3	光钟自由空间远程比对不确定度	与国际领先水平有一定差距	7E-19@2000s(测试条件不同，数据无法直接比较)
		4	光学频率合成器频率比值测量不确定度	接近国际领先水平	1.4E-21(E-21~E-20)
		5	SRG 测量范围	与国际领先水平有一定差距	$(1 \times 10^{-5} \sim 10^2)$Pa
		6	SRG 准确度	与国际领先水平有一定差距	1%(1×10^{-5}Pa~1Pa)、10%(1Pa~10^2Pa)
		7	SRG 重复性	达到国际领先水平	0.08%
		8	SRG 稳定性(1 个月)	达到国际领先水平	0.15%
		9	MCDG 测量范围	接近国际领先水平	(0.5~1333)Pa
		10	MCDG 准确度	达到国际领先水平	读数 0.2% FS
		11	MCDG 分辨率	与国际领先水平有一定差距	0.06Pa
		12	MCDG 质量	接近国际领先水平	5.0g

续表

领域	类别	序号	指标	我国水平(2021~2022 或最新)	国际领先水平(平均)
测量计量与仪器	计量测量参数	13	MCDG 体积	接近国际领先水平	4.1cm^3
		14	频率稳定度	接近国际领先水平	8.6E-16
		15	蓝光扫描三维形貌测量传感器精度	接近国际领先水平	≤±0.03mm
		16	蓝光扫描三维形貌测量系统精度	达到国际领先水平	≤±0.1mm(5m 范围)
		17	曲率半径	与国际领先水平有一定差距	(10~15)nm
		18	深宽比	与国际领先水平有一定差距	20∶1~50∶1
		19	信噪比	与国际领先水平有一定差距	(30~50)dB
		20	分辨率	与国际领先水平有一定差距	(5~10)nm
		21	电场强度	与国际领先水平有较大差距	(0.01~1600)V/m
		22	宽带同轴矢量网络分析仪频率范围	接近国际领先水平	10MHz~150GHz
		23	宽带同轴矢量网络分析仪动态范围	达到国际领先水平	91dB~117dB
		24	宽带同轴矢量网络分析仪方向性	接近国际领先水平	28dB~40dB
		25	太赫兹矢量网络分析仪频率范围	接近国际领先水平	50GHz~1.5THz

续表

领域	类别	序号	指标	我国水平(2021~2022 或最新)	国际领先水平(平均)
测量计量与仪器	计量测量参数	26	太赫兹矢量网络分析仪动态范围	接近国际领先水平	≥40dB
		27	太赫兹矢量网络分析仪方向性	接近国际领先水平	≥30dB
		28	测量精度	接近国际领先水平	≤100nm
		29	分辨力	接近国际领先水平	≤1nm
		30	量程	接近国际领先水平	>100mm
		31	角向回转误差	接近国际领先水平	0.05″
		32	径向回转误差	接近国际领先水平	0.072μm
		33	轴向回转误差	接近国际领先水平	0.089μm
		34	传感器分辨力	接近国际领先水平	0.01μm
		35	承载	接近国际领先水平	3000kg
		36	纳米探针传感噪音	与国际领先水平有一定差距	$10\,f_m/\sqrt{Hz}$
		37	力测量分辨力	与国际领先水平有一定差距	1pN
		38	反馈控制带宽	与国际领先水平有一定差距	100kHz
		39	位移控制精度像场(FOV)	与国际领先水平有一定差距	0.1nm
		40	位移控制精度形貌(Z)	与国际领先水平有一定差距	10pm
		41	横向分辨力	与国际领先水平有一定差距	100pm(单原子尺度)

续表

领域	类别	序号	指标	我国水平(2021～2022 或最新)	国际领先水平(平均)
测量计量与仪器	计量测量参数	42	纵向(Z，3σ)分辨力	达到国际领先水平	10pm
		43	探针悬臂力常数	与国际领先水平有一定差距	0.001N/m
		44	空间分辨力	与国际领先水平有一定差距	0.1nm(横向) 0.01nm(纵向)
		45	能量分辨力	接近国际领先水平	0.5meV
		46	本底真空	与国际领先水平有一定差距	$3×10^{-11}$torr
		47	低温	接近国际领先水平	5K
		48	单透镜光子收集效率	接近国际领先水平	9.5%
		49	光子检测灵敏度	单光子	单光子
		50	荧光光谱成像分辨率	达到国际领先水平	小于1nm(电致荧光) 0.8nm(光致荧光)
		51	拉曼光谱成像分辨率	达到国际领先水平	$(1.5±0.1)$Å
		52	直流电压	达到国际领先水平	$(0～1100)$V
		53	交流电压	达到国际领先水平	$(0～1100)$V
		54	直流电流	达到国际领先水平	$(0～100)$A
		55	交流电流	达到国际领先水平	$(0～100)$A
		56	直流电阻	与国际领先水平有一定差距	5μΩ～100TΩ

领域	类别	序号	指标	我国水平(2021~2022 或最新)	国际领先水平(平均)
测量计量与仪器	计量测量参数	57	天线增益	与国际领先水平有较大差距	喇叭天线:1.0GHz~110GHz(0~31)dB
		58	交流功率	与国际领先水平有一定差距	三相有功功率:(0.2~180000)W
		59	误差矢量幅度	与国际领先水平有一定差距	0.35% ± 0.03%,扩展不确定度为 0.03%,k=2

简要说明:

1. 光钟系统频移不确定度

光钟的输出频率与不受干扰的自然跃迁频率之间频率差的不确定度,通常用相对不确定度来表示。需要通过调制环境参数并测量参数变化导致的频率差的方法来进行评估,或者是找到某个影响系数后,通过测量环境参量的大小,再计算出频率修正量的方法来评估。国内数据为中科院精测院和中国计量科学研究院的数据,数据更新日期为2021 年 5 月 6 日。

2. 光钟绝对频率溯源不确定度

通过与本地铯原子喷泉钟比对,或者通过卫星链路与国际时间频率公报中的国际基准钟组进行比对,把光钟的频率溯源到现行秒定义的测量不确定度,通常用相对不确定度来表示。国内数据为中国计量科学研究院的数据，数据更新时间为 2021 年 5 月 6 日。

3. 光钟自由空间远程比对不确定度

两台光梳的频率锁定至两台光钟，利用光梳在自由空间内对向传播，通过线性光学采样得到比对数据并计算两台光钟之间的频率差的比对方法。国内数据为中国科学技术大学的数据，数据更新时间为 2021 年 5 月 6 日。

4. 光学频率合成器频率比值测量不确定度

利用飞秒光学频率梳进行光学频率的合成，并比对两个光学频率之间的频率比值，得到的比值的不确定度，通常用相对不确定度表示。国内的数据为华东师范大学的数据，数据更新时间为 2021 年 5 月 6 日。

5. SRG 测量范围(Pa)

磁悬浮转子真空计(SRG)测量范围与可接受的测量不确定度相关。制造商通常会给出真空计的测量不确定度范围，在满足最大测量不确定度条件下，真空计的最大和最小可读压力值决定测量范围上下限。

6. SRG 重复性

重复性是指在相同测量条件下，对同一被测量进行连续多次测量所得结果之间的一致性。针对具体指标测量，真空计应在正常条件下开机运行，在固定压力点或者重复多个压力点下重复引入高纯气体完成实验。

7. SRG 稳定性(1 个月)

稳定性是指真空计计量特性经过规定的时间(1 个月)所发生的变化量来进行定量表示。

8. MCDG 准确度

绝压电容薄膜真空计的准确度，表示真空计总的相对测量不确定度 u，应以读数和/或全量程的百分比给出。相对标准不确定度应按照 ISO/IEC Guide 98-3(GB/T 27418-2017)的规定给出。

9. MCDG 分辨率

对于微小的压力变化，绝压电容薄膜真空计读数之间能区分的最小读数差异。

10. MCDG 质量(g)

绝压电容薄膜真空计的质量。

11. MCDG 体积(cm³)

绝压电容薄膜真空计的体积。

12. 频率稳定度

表征频率保持不变的能力。

13. 蓝光扫描三维形貌测量传感器精度

传感器精度是指传感器单次扫描范围内的形貌测量精度，一般由具有资质的计量机构参照德国 "VDI/VDE-2634 Part：Optical 3-D measuring systems Optical systems based on area scanning"标准进行精度校准，利用精度可溯源的陶瓷球板评价探测误差和球心距误差两个指标。目前，国内传感器精度能够达到 0.03mm，与国际领先水平一致。

14. 蓝光扫描三维形貌测量系统精度

系统精度是指传感器多次扫描构成的整体测量空间的形貌测量精度，一般由具有资质的计量机构参照 "ISO 10360-8 Geometrical product specifications (GPS)-Acceptance and reverification tests for coordinate measuring systems (CMS)-Part 8: CMMs with optical distance sensors"标准进行精度校准，利用精度可溯源的大型陶瓷球步距规评价球心距误差，如图 6.1 所示。

图 6.1　大型陶瓷球步距规

15. 曲率半径(nm)

在微分几何中，曲率的倒数就是曲率半径。平面曲线的曲率就是针对曲线上某个点的切线方向角对弧长的转动率，通过微分来定义，表明曲线偏离直线的程度。对于曲线，它等于最接近该点处曲线的圆弧的半径。对于表面，曲率半径是最适合正常截面或其组合的圆的半径，就探针而言，指最尖端圆弧的半径。

16. 深宽比

在测量领域，深宽比表示凹槽结构的深度与宽度的比值。

17. 信噪比(dB)

英文名称为 SNR 或 S/N(SIGNAL-NOISE RATIO)。信噪比是探测器中信号功率与噪声功率的比值。可以理解为探测功率的比值(不是振幅)，通常用分贝值表示。定义中的功率在一些探测器中是指电功率。在图像处理中信噪比的定义是平均像素值与其标准差的比值(恒定的照度下)。

18. 分辨率(nm)

分辨率，又称解析度、解像度，可以细分为显示分辨率、图像分辨率、打印分辨率和扫描分辨率等。分辨率决定了位图图像细节的精细程度。通常情况下，图像的分辨率越高，所包含的像素就越多，图像就越清晰。

19. 电场强度(V/m)

电场强度是表示电场的强弱和方向的物理量，单位为伏每米(V/m)。根据测量方法不同，测量范围也不同。

20. 宽带同轴矢量网络分析仪频率范围

也称频率覆盖，即矢量网络分析仪能提供合格信号的频率范围，通常用其上、下限频率说明。

21. 测量精度(nm)

在几何尺寸方面，反映测量结果与真实值接近程度的量，称为测量精度，它与测量误差大小对应。

22. 分辨力(nm)

能有效辨别的测量值的最小差值。

23. 量程(mm)

在几何尺寸方面，传感器测量的最大范围。

24. 纳米探针传感噪音($f_{m} / \sqrt{Hz}$)

探针传感测量的底噪。比如在 10kHz 测量采样频率条件下，$20\, f_{m} / \sqrt{Hz}$ 的底噪对应 2pm 的位移传感噪音。该底噪也决定了探针力和位移传感的分辨力。f_m 指测量采样频率。

25. 力测量分辨力

探针能够分辨的最小力变化量。该参量通常取决于探针悬臂力常数和系统传感测量的底噪。比如 2pm 的位移分辨力的条件下，在使用 1N/m 力常数探针时应有 2pN 的力分辨力。分辨力同时也和探针本征热噪声有关。

26. 反馈控制带宽

扫描探针显微镜通常在闭环回路的控制下工作，以确保探针与试样在纳米尺度的相互作用在扫描过程中为预设的常量。反馈回路的带宽决定了系统保持探针-试样常量相互作用的跟踪速度，从而也决定了扫描探针显微镜的成像速度。

27. 位移控制精度像场(FOV)

决定像场大小的扫描器(通常指 xy 面)的位置控制精度。扫描范围通常为 $10\mu m \times 10\mu m$ 到 $100\mu m \times 100\mu m$。

28. 位移控制精度形貌(Z)

原子力显微镜通过反馈回路控制实现的 Z 方向位置控制精度。

29. 横向分辨力

原子力显微镜成像分辨力。在扫描位移控制精度达到或者高于 1nm 的条件下成像分辨力通常取决于探针的锐度。商业化的探针曲率半径通常在 $5\sim10nm$；高分辨探针曲率半径能达到 $1\sim2nm$。

30. 纵向(Z，3σ)分辨力

形貌分辨力取决于原子力显微镜反馈回路和 Z 方向驱动的位移分辨力。形貌测量中的高度(或者粗糙度)的 3σ 参数通常可以达到 10pm。

31. 探针悬臂力常数

探针悬臂是力传感的核心部分。探针属于耗品，根据应用场景而不同。力常数体现探针力测量和控制的灵敏度。

低力常数(如 0.1N/m)对应高力测量灵敏度，但通常都对应低带宽、低响应速度。

32. 空间分辨力(nm)

空间分辨力指的是扫描隧道显微镜扫描图像的横向和纵向分辨率，单位为纳米(nm)。

33. 能量分辨力(meV)

能量分辨力指的是光谱的能量分辨率，即系统所能区分的不同能量光子的最小能量间隔，通过用谱峰的半高宽来表示，单位为毫电子伏特(meV)。

34. 本底真空(torr)

本底真空指的是液氦温度下扫描隧道显微镜的观察腔的真空压强值大小，单位为托(torr)。

35. 低温(K)

低温指的是液氦温度下扫描台(或样品)所能达到的最低温度，单位为开尔文(K)。

36. 单透镜光子收集效率(%)

单透镜光子收集效率指的是超高真空腔内的单非球面镜的半球收集效率，单位为百分比(%)。

37. 光子检测灵敏度

光子检测灵敏度的验证主要是利用 Hanbury Brown and Twiss(HBT)干涉光路表征纳腔中的分子发光的单光子

发射特性,一般以二阶相干函数的零延迟处的值 $g^2(0)<0.5$ 作为单光子发射的依据。

38. 荧光光谱成像分辨率(nm)

荧光光谱成像指的是通过积分图像中每个像素点位置的荧光光谱中的荧光强度,得到的荧光强度成像图。其分辨率指的是穿越分子边缘路径上荧光强度的 10%~90%对比的距离,单位为纳米(nm)。

39. 拉曼光谱成像分辨率(Å)

拉曼光谱成像指的是对图像中每个像素点位置的拉曼光谱中的特征拉曼强度进行扫描,得到的拉曼强度成像图。其分辨率指的是拉曼成像图案中单个化学键对应的孤立亮瓣结构的半高宽数值,单位为埃(Å)。

40. 天线增益(dB)

天线增益定量地描述了一个天线把输入功率集中辐射的程度,单位为 dB(dBi,dBd)。现世界主要国家的测量实验室的天线增益测量范围随频率范围不同而不同,频率越低,可测量的最低增益数值也越低,当频率为几十到几百 MHz 时最小可测量值可达–20dB,频率为几到几十 GHz 时最大可测量值可达 50dB。

作者:谭久彬　张睿　周峰　陆振刚　周奎翰

参 考 文 献

[1] Sheppard C J R, Choudhury A. Image formation in the scanning microscope. Optica Acta: International Journal of Optics, 1977, 24: 1051-1073.

[2] Sheppard C J R, Wilson T. Image formation in scanning microscopes with partially coherent source and detector. Optica Acta: International Journal of Optics, 1978, 25(4): 315-325.

[3] Hell S W, Wichmann J. Breaking the diffraction resolution limit by stimulated emission: Stimulated-emission-depletion fluorescence microscopy. Optics Letters, 1994, 19(11): 780-782.

[4] Beloy K, Bodine M I, Bothwell T, et al. Frequency ratio measurements at 18-digit accuracy using an optical clock network. Nature, 2021, 591(7851): 564-569.

[5] Bodine M I, Deschênes J-D, Khader I H, et al. Optical atomic clock comparison through turbulent air. Physical Review Research, 2020, 2(3): 033395.

[6] 贺玉玲, 何克亮, 王国永, 等. 导航卫星时频系统发展综述. 导航定位与授时, 2021, (8): 61-70.

[7] 刘昶, 贺玉玲, 杜二旺, 等. 数字技术在星载铷原子钟的应用. 第十二届中国卫星导航年会, 2021: 1-9.

[8] 赵广东, 陈鹏飞, 刘杰等. 一种基于星载氢钟误差信号提取的实现方法. 计量学报, 2021, (42): 239-244.

[9] Ely T, Seubert J, Prestage J, et al. Deep space atomic clock mission overview// AAS/AIAA Astrodynamics Specialist Conference, 2019: 1-20.

[10] Burt E A, Prestage J D, Tjoelker R L. Demonstration of a trapped-ion atomic clock in space. Nature, 2021, (595): 43-52.

[11] 积分球冷原子钟一体化激光冷却与探测微波腔. 2021 年全国时间频率学术会议.

[12] Murray C J L. COVID-19 will continue but the end of the pandemic is near. Lancet, 2022, 399(10323): 417-419.

[13] Jousten K. Comparison of the standards for high and ultrahigh vacuum at three national standards laboratories. Journal of Vacuum Science &

Technology A Vacuum Surfaces and Films, 1997, 15(4): 2395-2406.

[14] Fedchak J A, Arai K, Jousten K, et al. Recommended practices for the use of spinning rotor gauges in inter-laboratory comparisons. Measurement, 2015, 66: 176-183.

[15] Fremerey J K. The spinning rotor gauge. Journal of Vacuum Science & Technology A Vacuum Surfaces & Films, 1985, 3(3): 1715-1720.

[16] Fremerey J K. Spinning rotor vacuum gauges. Vacuum, 1982, 32(10-11): 685-690.

[17] Almeida P. Cylindrical Spinning Rotor Gauge — A New Approach For Vacuum Measurement. Lisbon: Universidade Nova de Lisboa. 2015.

[18] EMPIR. The project EMPIR 16NRM05 "Ion gauge" [2022-07-18]. https://www.ptb.de/empir/16nrm05-home.html.

[19] PH-instruments. High Vacuum pressure gauge [2022-07-18]. https://ph-instruments.eu/.

[20] Blakemore C P, Martin D, Fieguth A, et al. Absolute pressure and gas species identification with an optically levitated rotor. Journal of Vacuum Science & Technology B, 2020, 38(2): 024201.

[21] Yole Intelligence. MEMS Pressure Sensors - Technology and Market Trends 2021. French:Yole Intelligence, 2021.

[22] 童文, 朱佩英. 6G 无线通信新征程, 跨越人联、物联, 迈向万物智联. 北京: 机械工业出版社, 2021.

[23] 年夫顺. 宽频带精密同轴连接器发展现状. 微波学报, 2020, 36(1): 49-53.

[24] Leinonen M E, Nevala K, Tervo N, et al. Linearity measurement of 6G receiver with one transmission frequency extender operating at 330GHz//2021 96th ARFTG Microwave Measurement Conference (ARFTG). IEEE, 2021: 1-4.

[25] Anritsu Company. ME7838D4 4-Port Broadband Vector Network Analyzers Technical Data Sheet[2022-08-30]. https://dl.cdn-anritsu.com/en-us/test-measurement/files/Brochures-Datasheets-Catalogs/datasheet/11410-01099F.pdf.

[26] Martens J, Roberts T, Rumiantsev A, et al. Design of an integrated VNA covering 70 kHz to 220 GHz[2022-08-30]. https://www.microwavejournal.com/articles/32949-design-of-an-integrated-vna-covering-70-khz-to-220-ghz.

[27] Martens J, Roberts T. Broadband 220 GHz network analysis: Structures and performance//2020 94th ARFTG Microwave Measurement Symposium (ARFTG). IEEE, 2020: 1-5.

[28] Rumiantsev A, Martens J, Reyes S. Calibration, repeatability and related

characteristics of on-wafer, broadband 70 kHz–220 gHz single-sweep measurements//2020 95th ARFTG Microwave Measurement Conference (ARFTG). IEEE, 2020: 1-4.

[29] Keysight Technologies. Banded Millimeter Wave Network Analysis[2022-08-30]. https://www.keysight.com.cn/cn/zh/assets/7018-05658/technical-overviews/5992-2177.pdf.

[30] Nian F S, Jiang W S, Deng J Q, et al. Research progress of THz measurement technology based on rectangular waveguide. Terahertz Science & Technology, 2019, 12(3): 57-68.

[31] Keysight Technologies. PNA and PNA-X Series Microwave Network Analyzers[2022-08-30]. https://www.keysight.com.cn/cn/zh/assets/7018-02294/brochures/5990-4592.pdf.

[32] Dunsmore J P. Handbook of Microwave Component Measurements: With Advanced VNA Techniques. New York: John Wiley & Sons, 2020.

[33] Verspecht J, Nielsen T, Stav A, et al. Modulation distortion analysis for mixers and frequency converters//2020 95th ARFTG Microwave Measurement Conference (ARFTG). IEEE, 2020: 1-4.

[34] Angelotti A M, Gibiino G P, Santarelli A, et al. Combined wideband active load-pull and modulation distortion characterization with a vector network analyzer//2021 97th ARFTG Microwave Measurement Conference (ARFTG). IEEE, 2021: 1-4.

[35] Keysight. 使用频谱相关方法更好地进行卫星链路失真测试. 应用指南, 2021.

[36] Keysight Technologies. PathWave Design and Test Software Catalog [2022-09-18]. https://www.keysight.com.cn/cn/zh/assets/7120-1218/catalogs/PathWave-Design-and-Test-Software-Catalog.pdf.

[37] Zhou B, Rojas-Nastrucci E A. Modeling and simulation of small satellite optical communication system based on pathwave system design//2021 IEEE 21st Annual Wireless and Microwave Technology Conference (WAMICON). IEEE, 2021: 1-4.

[38] Bieler M, Struszewski P, Feldman A, et al. International comparison on ultrafast waveform metrology//2020 Conference on Precision Electromagnetic Measurements (CPEM). IEEE, 2020: 1-2.

[39] Smith K, Bosworth B, Jungwirth N, et al. On-wafer metrology for a transmission line integrated terahertz source// CLEO: Applications and Technology, 2020.

[40] James C, Joachim O. Silicon micromachined waveguide calibration standards for terahertz metrology. Transactions on Microwave Theory and Techniques, 2021, 69(8): 3927-3942.

[41] Alireza K, Johannes H, Michael W, et al. Standard load method: A new calibration technique for material characterization at terahertz frequencies. IEEE Transactions on Instrumentation and Measurement, 2021, 70: 1-10.

[42] Rolf H J, Mathias K. Linking the power scales of free-space and waveguide-based electromagnetic waves. Transactions on Instrumentation and Measurement, 2020, 69: 9056-9061.

[43] Steiger A. Terahertz metrology and how to trust your free-space power measurements down to microwaves. 2020 International Topical Meeting on Microwave Photonics (MWP), 2020: 91-93.

[44] Enrique C C, Martin K, Thomas K O, et al. On the reliability of power measurements in the terahertz band. Communications Physics, 2022, 5(1): 1-3.

[45] Shigeo N, Motohiro K. Terahertz frequency counter based on a semiconductor-superlattice harmonic mixer with four-octave measurable bandwidth and 16-digit precision. Metrologia, 2021, 58: 1-11.

[46] Hitoshi I, Moto K. Photoacoustic substitution method for calibrating subterahertz attenuation in free space. IEEE Transactions on Instrumentation and Measurement, 2021, 70: 1-6.

[47] Jessica S, Mira N. Beam profile characterisation of an optoelectronic silicon lens-integrated PIN-PD emitter between 100 GHz and 1 THz. Applied Sciences, 2021, 11: 465.

[48] 周济. 智能制造——"中国制造 2025"的主攻方向. 中国机械工程, 2015, 26(17): 2273.

[49] 单忠德, 汪俊, 张倩. 批量定制柔性生产的数字化, 智能化, 网络化制造发展. 物联网学报, 2021, 5(3): 1-9.

[50] IFR. Executive summary world robotics 2021 industrial robots[2022-08-30]. https://ifr.org/img/worldrobotics/Executive_Summary_WR_Industrial_Robots_2021.pdf.

[51] 张宗华, 刘巍, 刘国栋, 等. 三维视觉测量技术及应用进展. 中国图象图形学报, 2021, 26(6): 1483-1502.

[52] 阮晋蒙. 机器视觉: 让中国制造 2025 "看"得更远. 新经济导刊, 2017, (1): 80-83.

[53] 王耀南, 陈铁健, 贺振东, 等. 智能制造装备视觉检测控制方法综述. 控

制理论与应用, 2015, (3): 273-286.

[54] 尹仕斌, 任永杰, 刘涛, 等. 机器视觉技术在现代汽车制造中的应用综述 Invited. 光学学报, 2018, 38(8): 0815001.

[55] Lansbergen G P, Rahman R, Wellard C J, et al. Gate-induced quantum-confinement transition of a single dopant atom in a silicon FinFET. Nature Physics, 2008, 4(8): 656-661.

[56] Yu E, Chang L, Ahmed S, et al. FinFET scaling to 10nm gate length. Intelectron Devices Meeting, 2002: 251-254.

[57] Yakimets D, Eneman G, Schuddinck P, et al. Vertical GAAFETs for the ultimate CMOS scaling. IEEE Transactions on Electron Devices, 2015, 62(5): 1433-1439.

[58] Hsu T H, Lue H T, Hsieh C C, et al. Study of sub-30nm thin film transistor (TFT) charge-trapping (CT) devices for 3D NAND flash application[C]// Electron Devices Meeting (IEDM), 2009 IEEE International. IEEE, 2010: 1-4.

[59] Hoobler R J, Apak E. Optical critical dimension (OCD) measurements for profile monitoring and control: Applications for mask inspection and fabrication. Proc SPIE, 2003, 5256(1).

[60] Yasui K, Osaki M, Miyamoto A, et al. Three-dimensional structure recognition of circuit patterns on semiconductor devices using multiple SEM images detected in different electron scattering angles. Microelectronics Reliability, 2020, 108: 113628.

[61] Thiesler J, Ahbe T, Tutsch R, et al. True 3D nanometrology: 3D-probing with a cantilever-based sensor. Sensors, 2022, 22(1): 314.

[62] NIKON CORPORATION. Laser Radar Apdis MV430/MV450/MV430E/ MV450E[2022-08-30]. https://www.nikon.com/products/industrial-metrology/ support/download/brochures/pdf/2ce-nnth-1_200930.pdf.

[63] 刘柯, 张容卓, 缪寅宵, 等. 调频激光雷达测量技术及在航空航天领域的 应用. 宇航计测技术, 2021, 41(4): 8.

[64] Baumann E, Giorgetta F R, Deschênes J D, et al. Comb-calibrated laser ranging for three-dimensional surface profiling with micrometer-level precision at a distance. Optics Express, 2014, 22(21): 24914.

[65] Behroozpour B, Sandborn P, Quack N, et al. 11. 8 Chip-scale electro-optical 3D FMCW lidar with 8μm ranging precision// 2016 IEEE International Solid-State Circuits Conference (ISSCC). IEEE, 2016.

[66] Withers P J, Bouman C, Carmignato S, et al. X-ray computed tomography. Nature Reviews Methods Primers, 2021(18): 1.

[67] Heyndrickx M, Bultreys T, Goethals W, et al. Improving image quality in fast, time-resolved micro-CT by weighted back projection. Scientific Reports, 2020, (10): 18029.

[68] Ma T, Chen L, Liu S, et al. Mechanics-morphologic coupling studies of commercialized lithium-ion batteries under nail penetration test. Journal of Power Sources, 2019, (437): 226928.

[69] Fleming A J. A review of nanometer resolution position sensors-operation and performance. Sensors and Actuators A, 2013(190): 106-126.

[70] Jaeger G. Limitations of precision length measurements based on Interferometers. Measurement, 2010, (43): 652-658.

[71] Ferhanoglu O, Toy M F, Urey H. Two-wavelength grating interferometry for MEMS sensors. Photonics Technology, 2007, (19): 1895-1897.

[72] Konkola P T, Chen C G, Heilmann R K, et al. Nanometer-level repeatable metrology using the nanoruler. Journal of Vacuum Science and Technology B, 2003, (21): 3097-3101.

[73] Pease III L F, Deshpande P, Wang Y, et al. Self-formation of sub-60-nm half-pitch gratings with large areas through fracturing. Nature Nanotechnology, 2007, (2): 545-548.

[74] Cui B, Yu Z N, Ge H X, et al. Large area 50nm period grating by multiple nanoimprint lithography and spatial frequency doubling. Applied Physics Letters, 2007, (90): 043118.

[75] Merino S, Retolaza A, Juarros A, et al. A new way of manufacturing high resolution optical encoders by nanoimprint lithography. Microelectronic Engineering, 2007, 84(5-8): 848-852.

[76] Chou S Y, Xia Q F. Improved nanofabrication through guided transient liquefaction. Nature Nanotechnology, 2008, (3): 295-300.

[77] Zhang S H, Zhang S L, Tan Y D, et al. Self-mixing interferometry with mutual independent orthogonal polarized light. Optics Letters, 2016, (41): 844-846.

[78] Yang H X, Yang R T, Hu P C, et al. Ultrastable offset-locked frequency-stabilized heterodyne laser source with water cooling. Applied Optics, 2017, (56): 9179.

[79] DR. JOHANNES HEIDENHAIN GmbH. Exposed linear encoders from

HEIDENHAIN with new signal processing ASIC[2022-7-18]. https://www. heidenhain.com.cn/zh_CN/%E6%96%B0%E9%97%BB/news-single-view-cn/ news/exposed-linear-encoders-from-heidenhain-with-new-signal-processing-asic/.

[80] Cui Z. Nanofabrication: Principle, Capabilities and Limits. New York: Springer, 2017.

[81] Grotjohann T, Testa I, Leutenegger M, et al. Diffraction-unlimited all-optical imaging and writing with a photochromic GFP. Nature, 2011, (478): 204-208.

[82] Baxter J. Super-resolution imaging: Beyond the limit. Nature Photonics, 2012, (6): 342.

[83] Sony Precision Technology Inc. Laserscale Unit BS78 and Interpolator [2022-7-18]. http://china.makepolo.com/product-detail/100225482744.html.

[84] DR. JOHANNES HEIDENHAIN GmbH. Angle Encoders with Integral Bearing[2022-7-18]. https://ca.kompass.com/p/angle-encoders-with-integral-bearing-roc-2000/dbe662cb-d50f-48c1-9d69-cf16d233f113/.

[85] Liu X K, Peng K, Chen Z R, et al. A new capacitive displacement sensor with nanometer accuracy and long range. IEEE Sensors Journal, 2016, (16): 2306-2316.

[86] Yu Z C, Peng K, Liu X K, et al. A high-precision absolute angular displacement capacitive sensor using three-stage time-grating in conjunction with a re-modulation scheme. IEEE Transactions on Industrial Electronics, 2018, (66): 7376-7385.

[87] Liu X K, Huang R, Yu Z C, et al. A high-accuracy capacitive absolute time-grating linear displacement sensor based on a multi-stage composite method. IEEE Sensors Journal, 2021, (99): 8969-8978.

[88] Kim S W. Combs rule. Nature Photonics, 2009, (3): 313-314.

[89] Wu G H, Takahashi M, Inaba H, et al. Pulse-to-pulse alignment technique based on synthetic-wavelength interferometry of optical frequency combs for distance measurement. Optics Letters, 2013, (38): 2140-2143.

[90] 吴冠豪, 周思宇, 杨越棠, 等. 双光梳测距及其应用. 中国激光, 2021, 48(15): 244-261.

[91] Wu G H, Liao L, Xiong S L, et al. Synthetic wavelength interferometry of an optical frequency comb for absolute distance measurement. Scientific Reports, 2018, (8): 4362.

[92] Kerkhof M, Waiblinger M, Weber J, el al. Particle removal tool to clean particles from EUV reticles. Proc. SPIE 2021, 11609, DOI: 10.1117/12.2583981.

[93] Cadena M J, Robinson T, Klos M. Next generation nanomachining process technologies//Photomask Technology 2020. SPIE, 2020, 11518: 31-46.

[94] Wessel J. Surface-enhanced optical microscopy. JOSA B, 1985, 2(9): 1538-1541.

[95] Stöckle R M, Suh Y D, Deckert V, et al. Nanoscale chemical analysis by tip-enhanced Raman spectroscopy. Chemical Physics Letters, 2000, 318(1-3): 131-136.

[96] Anderson M S. Locally enhanced Raman spectroscopy with an atomic force microscope. Applied Physics Letters, 2000, 76(21): 3130-3132.

[97] Hayazawa N, Inouye Y, Sekkat Z, et al. Metallized tip amplification of near-field Raman scattering. Optics Communications, 2000, 183(1-4): 333-336.

[98] Pettinger B, Picardi G, Schuster R, et al. Surface enhanced Raman spectroscopy: Towards single molecule spectroscopy. Electrochemistry, 2000, 68(12): 942-949.

[99] Zhang R, Zhang Y, Dong Z, et al. Chemical mapping of a single molecule by plasmon-enhanced Raman scattering. Nature, 2013, 498(7452): 82-86.

[100] Jiang S, Zhang Y, Zhang R, et al. Distinguishing adjacent molecules on a surface using plasmon-enhanced Raman scattering. Nature Nanotechnology, 2015, 10(10): 865-869.

[101] Lee J, Crampton K T, Tallarida N, et al. Visualizing vibrational normal modes of a single molecule with atomically confined light. Nature, 2019, 568(7750): 78-82.

[102] Zhang Y, Yang B, Ghafoor A, et al. Visually constructing the chemical structure of a single molecule by scanning Raman picoscopy. National Science Review, 2019, 6(6): 1169-1175.

[103] Jaculbia R B, Imada H, Miwa K, et al. Single-molecule resonance Raman effect in a plasmonic nanocavity. Nature Nanotechnology, 2020, 15(2): 105-110.

[104] Imada H, Imai-Imada M, Miwa K, et al. Single-molecule laser nanospectroscopy with micro-electron volt energy resolution. Science, 2021, 373(6550): 95-98.

[105] Zhong J, Jin X, Meng L, et al. Probing the electronic and catalytic properties of a bimetallic surface with 3 nm resolution. Nature Nanotechnology, 2017, 12(2): 132.

[106] Wang R, Yang B, Fu Q, et al. Raman detection of bond breaking and

making of a chemisorbed up-standing single molecule at single-bond level. The Journal of Physical Chemistry Letters, 2021, 12(7): 1961-1968.

[107] Zhang C, Jaculbia R B, Tanaka Y, et al. Chemical identification and bond control of π-skeletons in a coupling reaction. Journal of the American Chemical Society, 2021, 143(25): 9461-9467.

[108] Sheng S, Wu J, Cong X, et al. Vibrational properties of a monolayer silicene sheet studied by tip-enhanced Raman spectroscopy. Physical Review Letters, 2017, 119(19): 196803.

[109] Huang T, Cong X, Wu S, et al. Probing the edge-related properties of atomically thin MoS_2 at nanoscale. Nature Communications, 2019, 10(1): 5544.

[110] Deckert-Gaudig T, Kämmer E, Deckert V. Tracking of nanoscale structural variations on a single amyloid fibril with tip‐enhanced Raman scattering. Journal of Biophotonics, 2012, 5(3): 215-219.

[111] Zhang R, Zhang X, Wang H, et al. Distinguishing Individual DNA bases in a network by non‐resonant tip‐enhanced Raman scattering. Angewandte Chemie International Edition, 2017, 56(20): 5561-5564.

[112] He Z, Han Z, Kizer M, et al. Tip-enhanced Raman imaging of single-stranded DNA with single base resolution. Journal of the American Chemical Society, 2019, 141(2): 753-757.

[113] He Z, Qiu W, Kizer M E, et al. Resolving the sequence of RNA strands by tip-enhanced Raman spectroscopy. ACS Photonics, 2021, 8(2): 424-430.

[114] Wang Y, Kuang C, Peng X, et al. A lateral differential confocal microscopy for accurate detection and localization of edge contours. Optics & Lasers in Engineering, 2014, 53: 12-18.

[115] Cui H, Cooper J M, Qiu L, et al. Synchronous nanoscale topographic and chemical mapping by differential-confocal controlled Raman microscopy. Photonics Research, 2020, 8(9): 1441-1447.

[116] Lin Y, Wang Q, Meng F, et al. A [87]Sr optical lattice clock with 2.9×10^{-17} uncertainty and its absolute frequency measurement. Metrologia, 2021, 58(3): 035010.

[117] Huang Y, Zhang H, Zhang B, et al. Geopotential measurement with a robust, transportable Ca^+ optical clock. Physical Review A, 2020, 102(5): 050802.

[118] Luo L, Qiao H, Ai D, et al. Absolute frequency measurement of an Yb optical clock at the 10^{-16} level using international atomic time. Metrologia,

2020, 57(6): 065017.

[119] 李得天, 孙雯君, 成永军, 等. MEMS 型电容薄膜真空计研究进展. 真空与低温, 2017, 23(2): 5.

[120] Wang Y, Esashi M. The structures for electrostatic servo capacitive vacuum sensors. Sensors and Actuators A: Physical, 1998, 66(1-3): 213-217.

[121] 霍晓玮, 冯勇建, 廖泽龙, 等. 用于真空测量的电容式微型传感器. 中国科技成果, 2010, 11(19): 58-60.

[122] Ke X, Li G, Han X, et al. Design and fabrication of a differential pressure MEMS capacitance diaphragm gauge based on heavily boron-doping technique. Vacuum, 2020, 184: 109880.

[123] 俞兵, 王宝龙. 太赫兹源发散角测量技术研究. 应用光学, 2021, 42(3): 499-503.

[124] Gao X Q, Liu L, Xie Y, et al. Research on single frequency terahertz beam divergence Angle measurement//2020 IEEE 7th International Workshop on Metrology for AeroSpace (MetroAeroSpace), 2020: 367-371.

[125] 高艳姣, 方波. 太赫兹阵列探测器响应度校准溯源研究. 计量学报, 2021, 42(10): 1265-1270.

[126] 赛迪网. 中国工业机器视觉产业发展白皮书(2021). https://cetest02. cn-bj.ufileos.com/100001_2012145143/中国工业机器视觉产业发展白皮书. pdf.

[127] Cheng B, Yang S, Li W, et al. Controlled growth of a single carbon nanotube on an AFM probe. Microsystems & Nanoengineering, 2021, 7(80): 1-7.

[128] Cheng B, Yang S, Woldu Y T, et al. A study on the mechanical properties of a carbon nanotube probe with a high aspect ratio. Nanotechnology, 2020, 31(14): 145707 (8).

[129] Cheng B, Yang S, Liu H, et al. Investigation of the interaction between carbon nanotube tip and silicon sample through molecular dynamic simulation. Chinese Journal of Physics, 2019, 60: 407-415.

[130] 国家自然科学基金大数据知识管理服务门户. 基于连续激光调频测距无合作目标大空间精密球坐标测量仪器研究. https://kd.nsfc.gov.cn/ finalDetails?id=b2674b903eed09227831d6302a6d30c7, 2021.

[131] Li G, Wang R, Song Z, et al. Linear frequency-modulated continuous-wave ladar system for synthetic aperture imaging. Applied Optics, 2017, 56: 3257-3262.

[132] Xu Z, Chen K, Zhang H, et al. Multifunction lidar system based on

polarization-division multiplexing. Journal of Lightwave Technology, 2019, (9): 1.

[133] Lu Z Y, Zhou Y, Sun J F, et al. A real-time three-dimensional coherent ladar demonstration: System structure, imaging processing, and experiment result. Optics Communications, 2020, 474: 126063.

[134] Yang Y, Deng Y, Tan Y D, et al. Nonlinear error analysis and experimental measurement of Birefringence-Zeeman dual-frequency laser interferometer. Optics Communications, 2019, (436): 264-268.

[135] Li M F, Wang Y F, Jiang X S, et al. Free-space self-interference microresonator with tunable coupling regimes. Applied Physics Letters, 2020, (117): 031106-1~031106-5.

[136] Dong Y S, Hu P C, Fu H J, et al. Long range dynamic displacement: Precision PGC with sub-nanometer resolution in an LWSM interferometer. Photonics Research, 2021, (10): 59-67.

[137] Zhang S H, Chen Y P, Chen B Y, et al. A PGC-DCDM demodulation scheme insensitive to phase modulation depth and carrier phase delay in an EOM-based SPM interferometer. Optics Communications, 2020, (474): 126183.

[138] Xie J D, Yan L P, Chen B Y, et al. Extraction of carrier phase delay for nonlinear errors compensation of PGC demodulation in an SPM interferometer. Journal of Lightwave Technology, 2019, (37): 3422-3430.

[139] Yan L P, Zhang Y D, Xie J D, et al. Nonlinear error compensation of PGC demodulation with the calculation of carrier phase delay and phase modulation depth. Journal of Lightwave Technology, 2021, (39): 2327-2335.

[140] Wang X, Liu Z, Zhuang M, et al. Tip-enhanced Raman spectroscopy for investigating adsorbed species on a single-crystal surface using electrochemically prepared Au tips. Applied Physics Letters, 2007, 91(10): 101105.

[141] 曹茂丰, 冯慧姝, 包一凡, 等. 针尖增强拉曼光谱的发展及其在表界面中的应用. 厦门大学学报 (自然科学版), 2020, 59(5): 778-790.

[142] Xu J, Zhu X, Tan S, et al. Determining structural and chemical heterogeneities of surface species at the single-bond limit. Science, 2021, 371(6531): 818-822.

[143] Liu J, Liu J, Liu C, et al. 3D dark-field confocal microscopy for subsurface defects detection. Optics Letters, 2020, 45(3): 660-663.

[144] You X, Wang Y, Li Y, et al. Learning-based self-calibration for correcting

lateral and axial field distortions in 3D surface topography measurement. Optics Letters, 2021, 46(13): 3263-3266.

[145] Zhang Z, Sun M, Ruan P, et al. Electric field gradient quadrupole Raman modes observed in plasmon-driven catalytic reactions revealed by HV-TERS. Nanoscale, 2013, 5(10): 4151-4155.

[146] Chiang C, Xu C, Han Z, et al. Real-space imaging of molecular structure and chemical bonding by single-molecule inelastic tunneling probe. Science, 2014, 344(6186): 885-888.

[147] Lee J, Tallarida N, Chen X, et al. Microscopy with a single-molecule scanning electrometer. Science Advances, 2018, 4(6): eaat5472.

[148] Li L, Liu J, Liu Y, et al. A promising solution to the limits of microscopes for smooth surfaces: Fluorophore-aided scattering microscopy. Nanoscale, 2018, 10(20): 9484-9488.

[149] Liu J, Li M, Li Q, et al. Decoupling criterion based on limited energy loss condition for groove measurement using optical scanning microscopes. Measurement Science and Technology, 2016, 27(12): 125014.

[150] Shen Q, Guan J, Zeng T, et al. Experimental simulation of time and frequency transfer via an optical satellite-ground link at $10^{(-18)}$ instability. Optica, 2021, 8(4): 471-476.

[151] Mi W, Josephs R D, Melanson J E, et al. PAWG pilot study on quantification of SARS-CoV-2 monoclonal antibody - Part 1. Metrologia, 2021, 59(1A): 08001.

[152] Peng T, Sui Z, Huang Z, et al. Point-of-care test system for detection of immunoglobulin-G and -M against nucleocapsid protein and spike glycoprotein of SARS-CoV-2. Sens Actuators B Chem, 2021, 331: 129415.

[153] Sui Z, Dai X, Lu Q, et al. Viral dynamics and antibody responses in people with asymptomatic SARS-CoV-2 infection. Signal Transduct Target Ther, 2021, 6(1): 181.

[154] Amiotti M, Moraja M, Conte A . Development of thin film getters for assuring high reliability and long lifetime to crystal oscillators// Proceedings of the 2004 IEEE International Frequency Control Symposium and Exposition, 2004: 678-681.

[155] 陈志文, 佘圳跃, 廖开宇, 等. 基于 Rydberg 原子天线的太赫兹测量. 物理学报, 2021, 70(6): 1-11.

[156] 人民日报海外版. 中国汽车市场迎多项利好. http://www.gov.cn/xinwen/

2020-04/10/content_5500755.htm.

[157] Dai H, Hafner J H, Rinzler A G, et al. Nanotubes as nanoprobes in scanning probe microscopy. Nature, 1996, 384(6605): 147-150.

[158] Cheung C L, Hafner J H, Odom T W, et al. Growth and fabrication with single-walled carbon nanotube probe microscopy tips. Applied Physics Letters, 2000, 76: 3136-3138.

[159] Nakayama Y. Scanning probe microscopy installed with nanotube probes and nanotube tweezers. Ultramicroscopy, 2002, 91(1-4): 49-56.

[160] Li S, Yang S. Nanofocusing of a novel plasmonic fiber tip coupling with nanograting resonance. Journal of Physics D: Applied Physics, 2020, 53: 215102.

[161] Li S, Yang S, Wang F, et al. Plasmonic interference modulation for broadband nanofocusing. Nanophotonics, 2021, 10(16): 4113-4123.

[162] Benz F, Schmidt M K, Dreismann A, et al. Single-molecule optomechanics in "picocavities". Science, 2016, 354(6313): 726-729.

[163] Shin H H, Yeon G J, Choi H K, et al. Frequency-domain proof of the existence of atomic-scale SERS hot-spots. Nano Letters, 2018, 18(1): 262-271.

[164] Carnegie C, Griffiths J, de Nijs B, et al. Room-temperature optical picocavities below 1 nm^3 accessing single-atom geometries. Journal of Physical Chemistry Letters, 2018, 9(24): 7146-7151.

[165] Richard-Lacroix M, Deckert V. Direct molecular-level near-field plasmon and temperature assessment in a single plasmonic hotspot. Light: Science & Applications, 2020, 9(1): 1-13.

[166] Yang B, Chen G, Ghafoor A, et al. Sub-nanometre resolution in single-molecule photoluminescence imaging. Nature Photonics, 2020, 14(11): 693-699.